Networking

– en professionel disciplin

Simone Lemming Andersen

Networking – en professionel disciplin

Forfatter:
Simone Lemming Andersen

Forlag:
Books on Demand GmbH, København, Danmark

Layout:
Tina Woods, Prinfohobro

Illustrationer:
Jens Julius

Sats:
Adobe Garamond
Eurostile

Tryk:
Books on Demand GmbH, Norderstedt, Tyskland

Udgivelse:
2011

ISBN:
978-87-711423-6-5

© Strategisk Kommunikation, Simone Lemming Andersen
Gengivelse af denne bog eller dele heraf er ikke tilladt ifølge gældende
lov om ophavsret.

Indhold

Forord

Fremtiden ligger i hænderne på de mennesker, der kan skabe netværk!

Solide netværkskompetencer er altafgørende i et videnssamfund. Derfor bliver mennesker med brede og effektive netværk som regel både succesfulde og eftertragtede.

Fremtidsforskere peger på, at vejen til succes fremover bliver endnu mere afhængig af brede og relevante netværk - så det bliver svært, hvis man bare sidder på sin pind og håber på, at alt går af sig selv!

Befinder du dig i erhvervslivets top, vil du formodentlig allerede være stødt på kravet om at have et veletableret netværk, som både du og virksomheden kan benytte sig af.

Jeg har flere gange været vidne til, at to kandidater til et topjob stod lige i kvalifikationer – og så blev det personen med det største og mest relevante netværk, der fik jobbet. Ikke så sjældent endda bliver der tidligt i en jobsamtale spurgt ind til kandidatens netværkskontakter og kompetencer. De store og mellemstore virksomheder har erfaret, at det tager tid at etablere et virksomt netværk. Derfor er det en fordel at finde medarbejdere, der allerede har arbejdet bevidst på det i flere år.

Faglighed kan man hurtigere og i højere grad tilegne sig ud fra et mål og en bevidst strategi. Derfor rangerer kompetencen "professionelt netværk" ofte over faglighed.

Men det er ikke kun i erhvervslivets top, at netværk og dygtige networkere får mulighed for at udfolde sig!

Simone Lemming Andersen

Journalist, cand. phil., foredragsholder og forfatter. Desuden indehaver af kommunikationsvirksomheden Strategisk Kommunikation ApS samt netværket BusinessGuiden ApS.

Simone Lemming Andersen har specialiseret sig i kommunikation, præsentationstræning og networking og holder mange foredrag og kurser om disse emner.

Hun er en af de første i Danmark, der har integreret NetWeaving i sin tilgang til networking.

Simone var i mange år ansat i Danmarks Radio, hvor hun producerede radio og tv, og bl.a. havde sit eget live tv-talkshow.

Efterfølgende blev hun cand. phil. i kommunikation og startede i 2001 Strategisk Kommunikation ApS. Virksomheden arbejder med PR, markedsføring, præsentations- og medietræning.

I kundeporteføljen er virksomheder som Novo Nordisk, Microsoft, Codan, Ledernes Hovedorganisation, Topdanmark, Ernst & Young og Ingeniørforeningen.

I 2008 udgav Simone Lemming Andersen bestsellerbogen: *"Få succes i netværk"*.

Læs mere på www.strategisk.dk eller ring +45 2616 1818.

Hvem har brug for netværk?

Netværk er kommet for at blive og vil langsomt blive en større og større del af alle erhvervsaktive menneskers univers. Det er en efterspurgt, attraktiv og fremadrettet kompetence i vores oplevelsesorienterede og vidensbaserede samfund.

Men – der er **ikke** mange

- studerende, der tænker konstruktivt på, hvor vigtigt det er at komme i gang med at opbygge netværk, allerede mens de er i gang med studierne.
- arbejdssøgende, der tænker på at bruge ventetiden til at etablere netværk.
- erhvervsaktive - karrieremennesker eller ej - der tænker på, at det kunne blive attraktivt med et andet arbejde, hvor gode kontakter og et stærkt netværk kunne bane vejen for ønskejobbet.
- iværksættere, der gør sig klart, at den gode idé eller det gode produkt i sig selv ikke skaber en succes, men at der skal de rigtige kontakter og ambassadører til at skabe en erhvervssucces.
- virksomhedsledere, der tænker på, at deres medarbejdere kunne blive aktive netværksambassadører for virksomheden og dermed være med til at skabe vækst.

Der er et uaktiveret netværkspotentiale for næsten alle individer og virksomheder, som bare venter på at blive aktiveret!

Hvordan kommer jeg i gang?

Networking er ikke et forbipasserende modelune – det er en livsstil, man tilegner sig, fordi man opdager, at effektive og relevante netværk er lig med muligheder, magt og et mere interessant liv.

- Processen starter med at få øjnene op for alle de benefits, der ligger i et godt og effektivt netværk.
- Næste skridt er at tilegne sig de værktøjer, som understøtter den dygtige networker. Det betyder at tilegne sig kompetencer som at have styr på sin attitude, være en god kommunikatør, være klar på sit brand og budskab samt til dels at kunne performe.
- Det at være en dygtig networker indebærer at praktisere og gøre sig sine erfaringer resten af livet!

Networking på den fysiske og den sociale platform
Ud over fysiske netværk, hvor vi mødes ansigt til ansigt, er der også muligheder i det sociale netværksunivers - LinkedIn, Facebook, Twitter, blogs osv.

De virtuelle netværk har deres forcer, når det drejer sig om at researche på nye kontakter og skabe den indledende kontakt, ligesom de er effektive til at vedligeholde kontakten.

Men det er stadig "det personlige møde", der kreerer den stærkeste vej til nye, reelle kontakter.
Vi skal lige se hinanden an. Vi skal have afkodet det nye menneskes dna. Hvem er du, og hvad udstråler du?
Kort sagt – vi skal acceptere og respektere hinanden, fordi denne accept er fundamentet for relationsskabelse og resultatorienterede, længerevarende kontakter.

I denne bog vil jeg koncentrere mig om de fysiske netværk, fordi den kontaktform er fundamental for networkeren – men desværre volder den mange mennesker store problemer.

Den danske kultur

At tage kontakt til fremmede mennesker og networke er ikke en tradition, der er naturligt indlejret i den danske erhvervskultur. Mange synes, det er svært, anstrengende og en smule grænseoverskridende at opsøge mennesker, man ikke kender i forvejen.

Prøv engang at iagttage vores utallige overspringshandlinger, når vi er på kurser, til konferencer og receptioner eller blot træder ind i et rum, hvor vi ikke kender de øvrige deltagere. - Specielt ankomsten og pauserne, hvor det er oplagt at networke, er et sandt studium i, hvor svært det er for os danskere.

Flere føler sig så ilde tilpas ved disse lejligheder, at de lader sig opholde af mobiltelefonen, kaffeautomaten eller toilettet. – Og det er nok det dummeste, man kan gøre.

Du står måske sammen med mennesker, der ville være ideelle for dit netværk, eller som kender nogen, der kunne være det. Derfor handler det om at udnytte tiden ved at være tilgængelig og opsøgende.

Personligt er jeg blevet så fascineret af gevinsterne ved at networke, at jeg har brugt de sidste otte år på at forske i og arbejde videre med disciplinen.

Via rejser og studier rundt om i verden har jeg udforsket forskellige netværkskulturer og set, hvad der fungerer.

Målet har været at afkode de kvaliteter og metoder, de allerbedste networkere i både Danmark og den øvrige del af verden benytter sig af. Hvad er det, de gør, som åbenbart virker, og hvad kan vi andre lære af dem?

Min erfaring er, at man kan bruge meget lang tid på at teoretisere omkring netværk, og det har selvfølgelig også sin vigtighed. Men skal du flytte dig og få del i networkingens gevinster - så handler det om praksis og konkrete værktøjer. Derfor er denne bog dedikeret til det fysiske netværksmøde.

Du vil møde mennesker, som bl.a. via deres kraftfulde netværk har foretaget karrieremæssige tigerspring på forbilledlig vis. - Det handler om f. eks. Barack Obama, Bill Clinton, Angela Merkel, Oprah Winfrey, Jason Watt, Mariann Fischer Boel, Ole Henriksen og Asger Aamund.

Personligt har jeg selv oplevet ubehaget ved at træde ind i en fremmed forsamling. Så jeg kender fornemmelsen af at trykke sig selv ned i gulvet eller forsvinde ind i væggen. Men sådan er det ikke i dag. For mig er det nu en vigtig og attraktiv erhvervsdisciplin, som jeg elsker at bruge og udforske. – Formodentlig, fordi værktøjerne har givet mig en sikkerhed og et overskud, der næsten altid udmønter sig i nye, berigende kontakter, udvikling og ikke mindst forretning.

Læs bogen, og tag de værktøjer, der tiltaler dig!

Når du først har fået bid og oplevet, at det at skabe kontakt og etablere netværk er et stykke professionelt arbejde som så meget andet, så bliver det rigtig sjovt, og selvtilliden vokser.

God fornøjelse!

Simone Lemming Andersen
Journalist, cand. phil., forfatter og foredragsholder
Strategisk Kommunikation ApS

1. Det skulle være så nemt...

■ Kender du situationen, hvor du er på kursus, til
foredrag eller til en konference, og de velmenende
arrangører har indlagt tid til fri networking i
pauserne. Du kender ikke et øje i forsamlingen,
og du oplever, at det er en kejtet og tvungen form
for kontakt, du kommer til at indlede – hvis du
overhovedet kommer i kontakt med nogen.

Ved den slags lejligheder bliver der brugt mange ressour-
cer på at se ud, som om man er travlt optaget og en vigtig
spiller i erhvervslivet.

Vi tager mobilen frem, går på toilettet eller stiller os op
ved kaffeautomaten – så det ikke afsløres, at vi ikke lige
har overskud til at løse opgaven "at tage kontakt til andre
gæster på en konstruktiv og naturlig måde".

For mange er det at skulle skabe kontakt til fremmede menne-
sker og indlede en naturlig samtale slet og ret at sammenligne
med en overlevelsesøvelse.

Undersøgelser viser, at noget at det, mennesker frygter al-
lermest, er at skulle gøre opmærksom på sig selv i offent-
lige forsamlinger.

Desværre er angsten eller følelsen af utilstrækkelighed et
tabu, som vi kun sjældent snakker om, og som vi derfor
har svært ved at erkende og gøre noget ved – ikke mindst
i erhvervslivet.

Måske, fordi vi som voksne, veluddannede mennesker føler, at vi burde mestre det, og at det derfor er ydmygende at indrømme, at vi har problemer med noget så simpelt som at skabe kontakt. Senere i bogen kommer jeg ind på, hvad denne angst skyldes, og hvordan vi kan bearbejde den.

2. Er der nogen, der kender dig og dine ydelser?

For en del år siden startede jeg som selvstændig. Efter en lang karriere i Danmarks Radio vidste jeg ikke meget om, hvordan livet som iværksætter var, og hvad det krævede. Men jeg havde en ukuelig tro på mine ydelsers fortræffeligheder og evner som menneske til at overleve.

Jeg modtog rådgivning, fik hjælp til en forretningsplan, anskaffede mig et kontor og gjorde i det hele taget det, erhvervsrådgiverne sagde, jeg skulle gøre. – Efter et par måneders forarbejde var jeg klar til at køre.

I det krævende arbejde med at få lavet forretnings- og udviklingsplaner og i min iver efter at komme i gang havde jeg helt overset, at der stort set ikke var andre end min nærmeste omgangskreds og mine gamle kolleger, der kendte til mine ydelser og mit nye liv som selvstændig. Jeg havde slet ikke tænkt på at få etableret relevante netværk, som kunne hjælpe mig med at agere ambassadører for mit nye firma.

Så det var noget af en opvågning, da jeg efter tre måneder måtte konstatere, at der var udgifter, men næsten ingen indtægter på min virksomhedskonto.

Situationen virkede uoverskuelig, fordi jeg ikke umiddelbart kunne gennemskue, hvordan jeg skulle komme i gang med at etablere de netværk, jeg så åbenlyst manglede.

Nogle år tidligere, mens jeg studerede i London, havde jeg oplevet noget meget udansk. Jeg blev inviteret til flere receptioner og oplevede der, hvordan englænderne networkede, minglede, cirkulerede og introducerede for hinanden. Med den erindring i bagagen besluttede jeg at rejse til London igen for at studere den engelske netværkskultur. Dette – plus fortløbende studier i netværk - har betydet et markant skifte i min måde at tænke og skabe forretnings-udvikling på.

Det er vigtigt at få skabt sig et univers, hvor rådgivning, eksper-tise og udviklingsmuligheder er inden for rækkevidde, ligesom det er vigtigt at have et korps af ambassadører, der kan øge kendskabsgraden til dig, dine produkter og ydelser.

---

3. Relationer – der giver indflydelse

Personlige relationer skaber tillid og troskab. Hvis du f.eks. skal købe et produkt – og egenskaber og pris står lige – hvem vælger du så at købe af? Ham, du kender, selvfølgelig! Det gælder også, selv om tingene ikke står lige. Personlige anbefalinger giver det største udbytte, når vi snakker nyt job, markedsføring og salg.

Et faktum er, at står du og skal bruge en advokat, et ingeniørfirma, et webfirma eller en samarbejdspartner, ja, så kommer du helt naturligt i tanker om de personer, du kender og har en god kemi sammen med – eller de personer, som du er blevet anbefalet.

Hvis du er jobsøgende, er det langt mere profitabelt at bruge sin tid på at udsøge sig relevante netværk og komme ud og networke end at bruge tid på at skrive ansøgninger.

Man regner med, at mere end 60% af alle jobs besættes via netværk og anbefalinger, så det siger sig selv, at det er en håbløs affære at gå den slagne vej og håbe på, at man kommer til samtale på konventionel vis.

Prøv også engang at tænke på, hvor ofte det er den samme lille skare, der bliver brugt som eksperter i medierne. Her udfoldes den samme proces. - En nyhed, historie eller begivenhed skal kommenteres, og hvem kan journalisten så lige komme i tanker om? Det bliver selvfølgelig den, han kender i forvejen.

Derfor skal du i dit netværk indtænke personer, der har indflydelse, så de vælger at inddrage din ekspertise, når der skal træffes beslutninger, udvikles projekter, indkøbes ydelser, laves interviews, indsamles gode råd osv.

4. Søg mod det, du ønsker!

Det er sundt at gøre sig nogle overvejelser om, hvem du beundrer, og hvem du omgås.

1) Er det folk, der har det, du gerne vil have?
2) Er det folk, der længes efter det samme som dig?

Der er stor forskel på, om du svarer "ja" til det første eller det andet spørgsmål. Svarede du positivt på det andet spørgsmål – har du et problem.

Sociologisk set har vi mennesker en tendens til at søge mod og samle på de mennesker, der ligner os selv, eller som opererer med de samme problemstillinger, som vi selv gør.

Det er her, vi finder sympati, opbakning og medfølelse, men det kan vi som erhvervsmennesker ikke leve af.

Vi er nødt til at omgive os med mennesker, der kan tjene til inspiration, frembringe gode råd, skabe fremdrift osv. Af den grund er vi også nødt til at finde vores rollemodeller og scanne deres attituder, væremåder og mindset.

Vil du gerne lykkes med din forretning, eller ønsker du at skabe en karriere, så find nogle mennesker, der har tjent masser af penge eller har gjort lynkarriere.

Snak med dem, aflur dem. Snak med dem om penge eller deres karriere. Du vil formodentlig opdage, at den største forlegenhed ligger hos dig.

Pengestærke mennesker og karrierefolk er vant til at snakke både om penge og avancement, så det er ikke tabuiseret at snakke om emnet. Nogle gange kan det, at du tør, måske endda være den direkte vej ind til en god kontakt.

Det kan være ret lærerigt at høre, hvordan de håndterer ideer, penge og investeringer, når man ikke kun drømmer om at få det, men har det som en naturlig del af ens livsstil.

En start på et nyt mindset kunne være at læse noget om de mennesker, der har skabt sig fantastiske karrierer eller store formuer.

Jeg kan anbefale multimillionæren Felix Dennis og hans bog *How To Get Rich*. Eller Richard Branson, som gør meget ud af at beskrive de fejl, han har begået frem til sin nuværende status som milliardær.

Det er værd at huske på, at vil du tjene mange penge, så søg mennesker, der har gået vejen. Vil du have indflydelse, så søg mod mennesker i magtens centrum. Det kan lyde kynisk, men virkeligheden viser, at når du opsøger de miljøer, hvor du ønsker at komme hen, så øges dine chancer for at blive indlemmet i miljøet, og du har dermed nogle rollemodeller inden for rækkevidde.

5. NetWeaving

Ofte tænker vi netværk som "Hvad er mit udbytte af det?" - Hvad får jeg ud af mine anstrengelser med at skaffe og bruge tid på mine netværk? Det er imidlertid ikke altid den mest hensigtsmæssige måde at tænke netværk på. Virkeligheden viser nemlig, at de, der får mest ud af deres netværk, er de mennesker, der tænker omvendt: - Hvad kan jeg bidrage med i mine netværk?

Du kender formodentlig fornemmelsen af, at en person har hjulpet dig til et bedre job, en ny samarbejdspartner, en ny kunde eller måske løst et teknisk problem, du ikke kunne gennemskue. Den slags tjenester glemmer man ikke, og man vil altid stå til rådighed eller være behjælpelig over for selvsamme person.

Vender du udsagnet "Hvad får jeg ud af det?" til "Hvad kan jeg hjælpe dig med?", så har du øjeblikkelig skabt en anden kontekst at operere i, og ens medspiller bliver engageret og positiv i sin attitude.

Teknikken "NetWeaving" er formuleret af Bob Littell fra Usa[1], og den insisterer på at se muligheder og connecte til mennesker, man møder i sine netværk.

I stedet for at tænke på, hvad du kan opnå ved at kontakte en given person, kan du overveje følgende fire muligheder:

- ■ Hvordan kan jeg hjælpe denne person?

- ■ Kender jeg nogen i mit netværk, som vil kunne bringe ham eller hende videre?

- Kunne denne person være til gavn for en i mit nuværende netværk?

- Eller: Denne person er meget interessant – hvordan kan jeg arbejde på at integrere ham i mit netværk?

Ved at vende sit netværksblik og give ud og hjælpe frem for at tænke i at modtage - signalerer man overskud og social kompetence.

Teknikken er konstruktiv ved opbygning af langtidsrelationer og meget effektiv ved netværksmøder eller i pauser ved konferencer og lignende.

Processen kan styres via en facilitator – hvorved man sikrer sig, at alle arbejder ud fra de samme principper.

Skiftet i fokus fra "mig" til "dig" giver stort set altid forsamlingen en uselvisk dynamik samtidig med, at den overfladiskhed, som mange oplever ved traditionelle netværksmøder, ændrer karakter til entusiasme og intensivt nærvær.

Den skeptiske vil nu indvende, at man ikke bare skal være blåøjet – og give ud af sine ydelser i øst og vest. Jeg skal jo også have noget at leve af? Og ja, det er selvfølgelig en sondring, man skal foretage.

Min personlige tilgang til denne udfordring ligger i, at jeg ved, det er så uendelig vigtigt, at jeg straks får signaleret "den gode stemning", for så distancerer jeg mig fra alle dem, der holder på deres viden og kompetencer. Derfor kan gode råd, tilbud om en gratis rådgivningsseance, en produktprøve eller bare det at være en god lytter være en stor hjælp til selvhjælp.

NetWeaving udelukker ikke traditionel networking, hvor man har prioritet på at modtage. De to teknikker kan fint supplere hinanden. - Det handler om at vælge den rette blanding, alt efter konteksten du befinder dig i.

Teknikken NetWeaving bygger på et selvstændigt funktionskompleks - som kan læres på et dagskursus.

6. »Held« er bundet til netværk

Sociologen Dr. Richard Wiseman har skrevet bogen *The Luck Factor*². Et gennemgående træk i hans undersøgelser er, at mennesker med store netværk i langt højere grad føler sig heldige i tilværelsen. De får de rigtige jobs, har længere parforhold og oplever i det hele taget at have et godt og tilfredsstillende liv.

Mennesker med indskrænkede netværk oplever, at livet er besværligt, og at de ikke kommer let til noget som helst.

Egentlig er det jo ret logisk, at det må være sådan. Jo større netværk man har, jo større er sandsynligheden for, at der findes en i netværket, der kan hjælpe den dag, man ønsker et nyt job eller en kunde. Oplever selv heldige mennesker krise i livet, ja, så er der jo statistisk flere mennesker, der kan træde til og hjælpe og dermed guide en gennem krisen.

Har man et snævert netværk eller måske slet intet, så er mulighederne for hjælp væsentlig indskrænket.

Et andet træk i Dr. Wisemans forskningsarbejde viser, at når man føler sig tilfreds eller heldig med tilværelsen, så er ens udsyn også større, man får simpelthen øje på flere muligheder i tilværelsen, hvilket igen forstærker ens oplevelse af at være et heldigt menneske.

Dr. Wiseman laver bl.a. et forsøg, hvor han lader en person, der definerer sig selv som "uheldig", gå en tur på en rute. Inden gåturen har man lagt en dollarseddel på vejen, hvor personen skal passere.

Den "uheldige" person går lige forbi sedlen og registrerer den slet ikke. Efterfølgende lader man en "heldig" person gennemføre den samme rute – og han ser med det samme pengesedlen.

Wiseman bruger dette og flere andre forsøg til at vise, at mennesker, der føler sig heldige, og som tillige er beriget med store netværk, også er i stand til at se flere muligheder i tilværelsen. De lader sig ikke i samme forstand begrænse, men ser muligheder og løsninger overalt, hvor de bevæger sig.

Richard Wiseman er en meget aktiv forsker og har skrevet flere bøger. Hans arbejde er meget konkret og har i mange tilfælde en klar relevans for mennesker, der interesserer sig for interaktion og dens betydning i det offentlige rum.

Derfor kan det være meget interessant at følge med i arbejdet på hans blog, som du finder her: http://richardwiseman.wordpress.com/

7. Hvad arbejder vi med?

Der er flere ting i spil, når du arbejder med uformel konversation og ønsker at være en effektiv networker.

Det handler om:

    A. At skabe den gode stemning
    B. Vores attitude
    C. Smalltalk
    D. Dansk kultur

A) Skab den gode stemning. Skal vi have noget til at lykkes, både privat og erhvervsmæssigt, er vi i høj grad afhængige af, at vores omgivelser accepterer os og vores forehavende.

Der findes mennesker, for hvem næsten alt lykkes. Karakteristisk for mange af disse mennesker er, at de er i stand til at etablere den gode stemning i de relationer, de indgår i.

At skabe den gode stemning handler først og fremmest om at få andre mennesker til at føle sig godt tilpas i dit selskab. Herfra starter al relationsopbygning!

B) Vores attitude - den nonverbale kommunikation - betyder mere, end det næsten er rart at erkende.

Når du møder et nyt menneske, bruger han eller hun ubevidst 90% af sin opmærksomhed på at afkode dit kropssprog og din stemmeføring. Ordene fylder mindre end 10%.

Det er ret skræmmende, fordi vi ofte tillægger vores ord ret stor betydning, når vi skal præsentere os over for nye mennesker.

Indholdet af vores kommunikation kan i værste tilfælde vise sig at være spildt, fordi det, vi ikke har under kontrol eller ikke har forberedt os på, nemlig vores kropssprog og stemme, i den givne situation løber med opmærksomheden, så modtageren ikke opfatter budskabet.

Det er ikke kun, når vi tager kontakt til fremmede mennesker, at vores nonverbale kommunikation taler sit eget sprog. Når vi fører en samtale, selv med et menneske, vi kender godt, overfører selve ordene mindre end en tredjedel af budskabet, mens det nonverbale kropssprog er bærer af to tredjedele. Kroppen er en sladrehank, og den er svær at styre. Du kan forholdsvis let lyve med dine ord, det er straks meget sværere at få kroppen til på overbevisende vis at gøre det samme.

C) Smalltalk er et begreb, som vi bedst kender fra amerikansk kultur, og som vi har lidt svært ved at tage alvorligt i Danmark.

Smalltalk kan oversættes til "samtale uden væsentligt indhold", og sammenlignes ofte med "tom snak" og "snak om ligegyldigheder". Det siger sig selv, at de fleste ikke anser det for vigtigt at hengive sig til den genre.

Det forunderlige er imidlertid, at smalltalk fylder en pæn del i vores dagligdag, uden at vi oplever og betragter det som mindreværdigt. Smalltalk er indfaldsvinklen og kittet til enhver snak og relation.

Smalltalk - i den bedste udgave - åbner for relationer og kontakter og får andre mennesker til at føle sig godt tilpas i dit selskab.

D) Dansk kultur. At være dansk indebærer for mange mennesker en bestemt måde at agere og omgås hinanden på. Ikke mange bryder sig om at tage kontakt til fremmede mennesker. Vi holder os helst til de mennesker, vi kender, og bryder kun meget sjældent dette mønster.

Et begreb som f.eks. "at cirkulere" er heller ikke noget, vi bruger, når vi networker. Det er ærgerligt, fordi det giver et naturligt flow, masser af nye kontakter og stor intensitet ved netværksrelationer.

Vi er heller ikke gode til at lukke nye mennesker ind i vores kreds. Når vi endelig har fundet en base med mennesker, vi føler os trygge ved, bliver vi stående der og lukker i princippet kredsen - med mindre der dukker relaterede personer op, som så selvfølgelig lukkes ind i varmen. Men denne danske artsspecifikke måde at agere på betyder, at det bliver ekstra svært at være ny i en forsamling, og at vores netværk ikke automatisk opsamler fremmede mennesker og deres viden og potentiale.

For at blive en succesfuld og effektiv networker er det essentielt at vurdere sig selv på alle fire parametre. De spiller hver især en afgørende rolle i din fremtræden. Succesraten og glæden stiger i takt med, at du mestrer de teknikker og værktøjer, der knytter sig til de enkelte parametre, fordi de gensidigt komplementerer hinanden.

8. Skab den gode stemning

Har du nogensinde overvejet, hvordan du kommer ind i et rum, f.eks. på et kursus, en ny arbejdsplads, en konference, et mødelokale eller andre steder, hvor du fremtræder som et ubeskrevet blad?

Ikke mange gør sig tanker om, hvilken stemning de skaber omkring sig selv eller endnu vigtigere - for deres omgivelser.

Nogle gør sig måske overvejelser om, hvad de skal sige, men der stopper det også for de fleste.

Alt i alt bruger vi meget energi på selvopmærksomhed – hvor det primært handler om, hvordan vi personligt kommer så godt igennem seancen som muligt.

Vi vil gerne stå fagligt stærkt over for vores omgivelser og give indtryk af, at vi er kompetente i vores metier. – Spørgsmålet er bare, når vi har travlt med at sælge os selv, om det skaber en god stemning, om andre mennesker får lyst til at lære os nærmere at kende, om andre mennesker får lyst til at give os noget tilbage.

I 2008 blev der lavet en undersøgelse af MarketWatch, der peger på, at mere end 85% af det, vi får til at lykkes, skyldes evnen til at skabe den gode stemning.

Det, vi ofte vægter højt - faglig kompetence og viden - fylder kun 15%. Det skal ikke forstås således, at vi fremover ikke skal være 100% over vores faglige viden, men at vi i første omgang, når vi skal skabe nye, gode relationer til mennesker, skal være opmærksomme på at prioritere den gode stemning over for vores samtalepartner.

Hvordan skaber vi succes?

Man vurderer at,
- 85% skyldes, at man med sit udtryk kan skabe den gode stemning.
- teknisk-faglig viden kun vægter 15%.

8.1 Hvordan skaber du den gode stemning?

Når vi kontakter eller snakker med andre mennesker i erhvervssammenhænge og netværk, er vi ofte meget fokuseret på at få vores egne budskaber ud over rampen.

Vi er igennem længere tid blevet opfordret til at indøve en elevatortale[3]. Det er også udmærket, for en elevatortale kan skærpe vores egen forståelse af, hvad vi vil med vores arbejdsliv eller virksomhed - og dermed skabe fokus. Men der oparbejdes ikke megen god stemning ved at fyre en elevatortale af eller snakke meget om sig selv og sine ydelser.

Prøv engang at tænke på et møde med et menneske, hvor du har følt dig godt tilpas. Var det en person, der snakkede meget om sig selv, som havde salg i øjnene, og som ikke lyttede til dine udsagn? Givetvis ikke.

Når vi føler os godt tilpas, er det oftest, fordi der er nogen, der lytter til os, nogen, der spørger ind til vores udsagn, nogen, der roser os, nogen, der ser os på den måde, vi gerne vil opfattes.

God stemning skaber man ved at acceptere og forstå det menneske, man står over for, og ikke mindst ved gennem sin attitude at signalere det videre til personen.

Kunsten er at få andre mennesker til at føle sig betydningsfulde og specielle!

8.2 Skab den gode stemning – men hvordan?

Det er ikke enkelt at definere, hvad der skal til for at skabe den gode stemning i mødet med andre mennesker. Men vi er sjældent i tvivl, når vi møder mennesker, der får os til at føle os i godt selskab. Derfor vil jeg herunder kort beskrive nogle rollemodeller, som hver på sin måde forsøger at skabe den gode stemning.

8.3 Thyra Frank, leder af Plejehjemmet Lotte og foredragsholder

Plejehjemsleder Thyra Frank har skabt en arbejdsplads, hvor de ældre nyder at leve, og de ansatte elsker at arbejde.

Det kan man godt forstå, når man oplever Thyra. Hun er det inkarnerede eksempel på, at størrelse og udseende ikke har noget at gøre med, om man kan skabe god stemning eller ej, om man har gennemslagskraft eller ej.

Når Thyra kommer ind i et rum eller betræder scenen, får de fleste et smil på læben, og den gode stemning breder sig ret hurtigt. Thyra arbejder med sympati og antisympati, hvilket hun arbejder videre ud i sin humoristiske scanning af livet på et plejehjem.

De fleste af os ved, at vi på et eller andet tidspunkt kommer i forbindelse med systemet – enten ved, at en af vores kære eller vi selv ender her. Derfor er vi automatisk på hendes side, og vi oplever Thyra som en frontkæmper, vi bør støtte.

Thyra Frank er også en fantastisk fortæller, yderst levende i sin mimik og hurtig til at sende en smittende latter af sted, hvilket gør, at hun hurtigt får sat scenen og er en, man lytter til.

På dette link kan du se et af Thyra Franks foredrag:
http://arbejdsglaede.23video.com/video/479380/
thyra-frank-p-arbejdsglde-live

8.4 Asger Aamund, finansmand

Der er meget værdighed og troværdighed forbundet med
Asger Aamund. Han har mange kommunikative og
nonverbale forcer. Her vil jeg trække et veludviklet talent
frem, der egner sig godt til at skabe den gode stemning.
Asger Aamund taler ofte i billedsprog, eller metaforer.
Vanskelige økonomiske udlægninger eller beskrivelser får
han gjort tilgængelige. Og ikke nok med, at materialet
bliver gjort tilgængelig, han evner også at mediere rent
sprogligt mellem både lægfolk og fagfolk, så de fleste op-
lever sejren ved at forstå et område – der kan være uforstå-
eligt for mange.

Evnen til at kommunikere, så modtagerne begriber bud-
skabet, er en fabelagtig evne, og hvis det understreges af
det nonverbale kropssprog, får andre mennesker lyst til at
være i vores selskab.

8.5 Jason Watt, racerkører

Mit første møde med Jason Watt foregik pr. telefon.
Selvom snakken varede mindre end 10 minutter løftede
han min indre stemning flere grader på den korte tid. Vi
snakkede faktisk om netværk og om, hvor vigtigt det var
at være glad og tilfreds i sin tilgang til mennesker.

Jason mistede for mange år siden førligheden i 80% af
kroppen. Tilbage har han armene og ansigtet at gøre godt
med. Og det må man sige, at han forstår at udnytte. Ikke
nok med, at han med sit smittende humør i telefonen fik
mig blødgjort. Da jeg senere samme aften mødte ham til
et foredrag, så jeg, hvor meget intensitet, livsglæde og til-

gængelighed, det kan lade sig gøre at udstråle med mindre end 20% af kroppen.

Jason bruger sine øjne, sit smil, sin enorme livsglæde og sin lidt lakoniske tilgang til sig selv og sin ulykke til at få sine medmennesker til at føle sig yderst privilegeret.

8.6 Oprah Winfrey, talkshowvært

Som studievært er Oprah Winfrey blevet verdenskendt og en af USA's rigeste kvinder. I sine talkshows tager hun både alvorlige og mindre alvorlige emner op til diskussion. Man kan forundres over, hvordan hun kan komme af sted med så stor en eksponering, med så mangeartede emner i så forskellige lande og kulturer uden at falde i unåde.

Forklaringen er formodentlig, at hun evner at skabe den gode stemning. Hun viser åbenhed, empati, nærvær og ikke mindst, så er hun en god lytter. Hun forstår med hele sin attitude at vise, at hun lytter opmærksomt. Hun roser, men viser også kant.

Under hendes ophold i Danmark i forbindelse med OL-værtsskabet 2016 sagde en amerikansk reporter: "Oprah har skabt sin formue på at være en god lytter".

Det er ikke helt forkert, og samtidig er hun et godt eksempel på, at det at vise andre mennesker opmærksomhed ikke betyder, at man selv går i nul. Tværtimod – man får en fantastisk platform for sine holdninger og indtjening.

8.7 Ole Henriksen, wellness-guru

Vi har altid været meget anti-amerikanske, forstået på den måde, at vi tager afstand fra det overfladiske. Derfor har det været spændende at iagttage den dansk-amerikanske skønhedsekspert Ole Henriksens indtræden på det danske mediemarked.

Han er formodentlig den person på wellness-området, der har fået mest opmærksomhed de seneste år. Meget tyder på, at han er i stand til at komme i et eller flere landsdækkende medier hver gang, han betræder dansk jord. Og hvordan bærer han sig ad med det?

For et par år siden havde han fået et nyt produkt på hylderne. Kosmetikprodukter, der var baseret på rød te. Ole Henriksen blev inviteret ind i TV2's morgenstudie, hvor han skulle fortælle om sin nye serie.

Det bliver til mindre end 30 sekunders produktomtale, for Ole Henriksen vender lynhurtigt fokus. Han snakker om, hvor dejlig studieværten ser ud, hvor smuk en hud hun har, hvor dejligt det er at være i Danmark, og hvor smukke, fantastiske og imødekommende vi danskere er.

Og hvad sker der? En fantastisk stemning breder sig i studiet, og den når helt ud i stuerne til seerne. Studieværten stråler, ingen kritiske spørgsmål, og alle er tilpasse – selvom det, der lige er foregået, er meget, meget udansk.

Ole Henriksen skaber kort og godt den gode stemning ved at overføre opmærksomheden fra sig selv og sine produkter til de mennesker, han er sammen med, hvilket også inkluderer alle os seere.

Han udstråler succes, overskud og indlevelse. - Hvem ville ikke gerne være sådan?

Ole Henriksen har på rekordtid skabt sig et navn og brand i Danmark. Han har fået sine egne tv-programmer, hvor han shiner både kende og ukendte danskere op til velvære og selvværd. Alle står på nakken af hinanden for at få adgang til de foredrag, han holder i Danmark.

Der er ikke brugt mange penge på reklame og markedsføring af Ole Henriksens produkter, de sælger sig selv, via manden, der får alle til at føle sig fantastisk godt tilpas i hans selskab.

8.8 Southwest Airlines, som også kalder sig »The Love Airline«

Her er der virkelig gjort et stykke arbejde for at aktivere den gode stemning i et ellers konformt miljø. Introduktionen til alle sikkerhedsformaningerne før en flystart er sat til countrymusik og fremført af en stewardesse. Ingen tvivl om, at selv passagererne er overraskede.

Et meget amerikansk initiativ for at skabe den gode stemning.

Klik på linket, og se, hvordan de ansatte ikke nøjes med at være flinke og servicemindede - men fører budskabet helt ud i kabinen:

http://www.youtube.com/watch?v=Jy0Yf1CAsuQ&NR=1

8.9 Rollemodellerne

Ovenstående eksempler fungerer på hver sin måde. Rollemodellerne tjener blot til inspiration, så du kan prøve at finde frem til det, der fungerer for dig – og det, der måske kan få dig til at finde frem din egen stil og fremtoning.

Men husk, når du skal skabe den gode stemning - det er vigtigt, at du tror på dig selv og har overskud til at kunne lytte og vise engagement.

9. Kropssprog og status

Det er godt at have ordet i sin magt, siger man, men i virkeligheden virker det bedre, hvis du kan kontrollere dit fysiske udtryk.

Grunden hertil er, at du først bliver afkodet og vurderet på dit kropsprog, derefter på din stemme - via accent, dialekt og tonering - og til sidst på dine ord.

Det forholder sig således, at vi bruger mere end 90% af vores opmærksomhed på at afkode hinanden på kropssprog og stemme[4]. Og først når den del er på plads, lytter vi effektivt til kommunikatørens ord.

Kroppen er kernen i den menneskelige kommunikation og afkodning, og det ubevidste registrerer hele tiden mere, end vi tror. Desværre sender vi ofte signaler af sted, som vi ikke er bevidste om. Signaler, som kan skabe sympati eller antisympati. Reaktioner, som ofte forvirrer os, fordi vi ikke selv er bevidste om, hvad der har skabt reaktionen.

Derfor handler det om at få overensstemmelse mellem ansigtsudtryk, krop, stemme og det, vi udtrykker med ord. Det handler ikke om at spille teater, men at finde sig selv.

På figuren til højre kan du se, hvordan de forskellige elementer forholder sig til hinanden.

Hvad er vi opmærksomme på?
Kropssprog og stemme udgør mere end 90% af vores opmærksomhed, når vi møder nye mennesker.

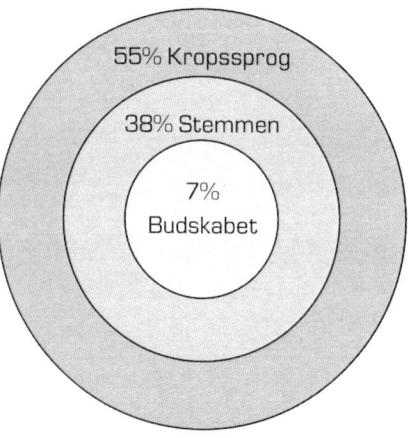

55% Kropssprog

38% Stemmen

7% Budskabet

Derfor betyder det meget, hvordan du håndterer din fremtræden, dit kropssprog og din attitude, når du agerer i det offentlige rum.

Jo bedre du kender dig selv og dine attituder, jo større mulighed har du for at optimere dine attraktive og positive signaler. Er du tilgængelig og nærværende i dit kropssprog, når du møder mennesker - øger du din udstråling og karisma og dermed chancen for et positivt møde.

Er du i stedet nervøs eller utryg ved at træde ind i en forsamling, hvor du ikke kender nogen, så bliver den naturligste kropsholdning at lukke sig sammen om sig selv, bevæge sig langs væggene og gøre sig usynlig.

Blikket flakker eller er nedadrettet og indadvendt. På den måde lægger man en beskyttende ring omkring sit jeg og fortæller sine omgivelser: "Jeg føler mig ikke godt tilpas i denne situation".

Det er sådan set en ganske naturlig beskyttende reaktion fra kroppens side, da hele ens jeg ikke bryder sig om situationen og derfor vil beskytte sig.

At lukke sig sammen og beskytte sig mod sin omverden kan i mange situationer være en udmærket reaktion, blot ikke, når du står til en reception eller skal ind til et vigtigt møde og gerne skulle udstråle selvværd og lyst til skabe kontakt til dine medmennesker. Dine omgivelser aflæser hurtigt din kropsholdning og konkluderer ubevidst, at du udstråler lavt selvværd.

De fleste mennesker ønsker succes i livet. Derfor opsøger og tiltrækkes vi normalt ikke af personer, der kan trække os ned, men læner os hellere op ad mennesker med selvværd og ambitioner eller mennesker, som agerer rollemodel for det, vi ønsker at opnå.

Derfor har mennesker, som via deres kropssprog udstråler lavt selvværd, en stor opgave foran sig, hvis de gerne vil skabe kontakt, men ikke kan få kroppen til at udstråle det.

Min erfaring viser dog, at meget kan ændre sig - med en øget bevidsthed omkring de kropssprogs-mekanismer, der taler deres helt eget sprog.

9.1 Lukket og åbent kropssprog

Prøv engang at iagttage dine kollegers kropsholdning på arbejdspladsen! Du vil opdage, at vi har mange forskellige måder at stå, gå og sidde på. Du vil hurtigt kunne få en fornemmelse af, hvem der er åben for kontakt, og hvem der via sin kropsholdning signalerer: "Forstyr mig ikke!"

Hvad gør du f.eks. selv, hvis du har travlt? Formodentlig bøjer du kroppen lidt sammen, tager armene ind til kroppen, går med raske, mekaniske skridt og vender blikket nedad og gør det diffust.

Disse reaktioner signalerer, at du ikke ønsker kontakt

eller involvering. Dine omgivelser afkoder hurtigt, at du ikke vil forstyrres. – På den måde bruger vi ofte vores krop som et nonverbalt talerør. Vi aflæser ubevidst andres kropsholdning og reagerer på det, vi ser. Ligesom vi også selv både bevidst og ubevidst sender signaler af sted.

Åbent kropssprog
Der er ikke megen imødekommenhed i krydsede arme og ben. Det er der derimod i en åben position, hvor et glad, direkte blik eller smil signalerer en helt anden invitation til kontakt.

Selv kan jeg få lyst til at fare i armene på mennesker, der virkelig mestrer disse kropsattituder, fordi de udstråler harmoni, handlekraft og overskud til at hjælpe andre.

Lukket kropssprog
Man skal have et stort overskud, hvis man skal tage kontakt til mennesker med et lukket kropssprog.

Kropsholdningen
Vi kender alle oplevelsen af en dårlig dag, hvor man virkelig skal tage sig sammen for at ranke ryggen og se andre

mennesker i øjnene. Det føles simpelthen mere naturligt at lukke sig lidt sammen.

Det første, vi registrerer, når vi aflæser kropssprog hos hinanden, er kropsholdningen, så hvis man skal signalere overskud, er man nødt til at ranke ryggen og skyde brystet frem - ellers er vi meget hurtigt afsløret.

Et godt eksempel på en et menneske med en kropsholdning, der signalerer overskud er præsident Barack Obama. Hans fortid som basketballspiller og meget bevidste kropssprogsholdning signalerer overskud. Selv i pressede situationer formår han at ligne et harmonisk og tilgængeligt menneske med masser af ressourcer.

Den tidligere præsident Bill Clinton var også en sand mester i at signalere overskud gennem sin kropsholdning, mens det var noget sværere for George W. Bush, der aldrig fik kropsholdning og attitude til at arbejde positivt for sig.

Åbent kropssprog
Åbne positioner skaber tryghed og tillid hos modparten.

10. Status

Når vi arbejder med kroppen og den måde, vi bruger den på, anvender jeg begreberne høj- og lavstatus for bedre at forklare forskellige måder at reagere på og derved vise, hvilke spil der kører i en given situation.

Status skal i denne sammenhæng forstås som selvtillid, udstråling og tilgængelighed – eller mangel på samme.

Lavstatus vil i sin yderste konsekvens være at krybe langs panelerne, have øjnene rettet mod gulvet, fylde så lidt som muligt og tale lavmælt, hvis man da overhovedet får sagt noget.

Agerer man med lavstatus, fylder man ikke meget i rummet, og mange vil måske slet ikke lægge mærke til en. Ofte får den slags mennesker lov til at passe sig selv, da ikke mange føler sig fristet, forpligtet eller indbudt til at tage kontakt med en taberattitude.

Højstatus kan være at tromle af sted med store armbevægelser og arrogance. Man fylder meget og kan tydeligt ses og høres i rummet - en attitude, der ofte tolkes som værende dominerende og overlegen.

For nogle er det naturligt at ligge i dette felt, og evner man at holde kadencen, kan det virke yderst charmerende. Men det er krævende, og man skal kunne gå linen ud. Ellers kommer det hurtigt til at virke ynkeligt.

10.1 Det handler om at kunne flekse

Det er ikke nødvendigvis bedre at have højstatus end lavstatus. Af og til kan det endda være en fordel at bruge lavstatusattituder.

Står man f.eks. over for et menneske, som udstråler lavstatus, kan det være en fordel at underbyde vedkommendes status med en endnu lavere status. På den måde tilflyder der modparten status, så han eller hun begynder at føle sig noget værd, og på den måde kan man måske skabe en konstruktiv samtale.

Idealet for statusbegrebet ligger i at kunne flekse sin status. Det er sjældent, at vi befinder os i rendyrket høj- eller lavstatus. De fleste bevæger sig mellem yderpunkterne, alt efter situationen.

Mange års arbejde med statusbegrebet har vist, at vi ikke altid i en given situation byder ind på det mest hensigtsmæssige niveau. Har man f.eks. problemer med at tage kontakt til mennesker, man ikke kender, så kan en bevidstgørelse omkring ens egne og andres handlemønstre i situationen være til stor gavn.

■ Har du et reaktionsmønster, hvor du gentagne gange indtager lavstatusposition, når du træder ind på en ny boldgade, så kunne det være en god idé at studere højstatusmennesker og så adoptere nogle af deres handlemønstre.

■ Har du brug for at skabe en højere status, når du f.eks. skal networke i nye sammenhænge, kan rolige, koncentrerede bevægelser formidle sikkerhed og overskud.

■ Det at kunne skabe nærvær forøger din udstråling og din status og dermed andre menneskers lyst til at være sammen med dig.

■ Er der på din arbejdsplads kolleger, der altid skændes eller er
uenige, kan det skyldes, at de kæmper om status og derved
konstant overbyder hinanden.

Hvis en sådan konflikt skal løses, er det nødvendigt at gøre
aktørerne opmærksom på, at det muligvis ikke er konkrete
konfliktpunkter, de skændes om, men snarere deres indbyr-
des status.

Viden om og erfaring med status kan være adgangsbillet
til et godt forhold til mange forskellige typer mennesker.

Det er også vigtigt at opøve evnen til at kunne flekse sin
status, så man hurtigt kan tilpasse sit eget kropssprog, så
det matcher ens samtalepartner og situationen.

Entydig og effektiv kommunikation opstår - når begge
parter har et nogenlunde fælles statusniveau.

Det er en særdeles interessant verden at gøre sig sine erfa-
ringer i, fordi det ofte giver et forbløffende godt resultat,
når man øger sin bevidsthed om, hvordan man agerer
med sin egen status - i mødet med andre mennesker.

Når man er bevidst om sin egen status og er i stand til at
afstemme (flekse) den efter forholdene, så skaber man tryghed
hos modparten, og det er et godt udgangspunkt for en indle-
dende kontakt og et videre forløb.

Hvis du har fået mod på at arbejde med din egen sta-
tus, kan det være meget hensigtsmæssigt at studere dig
selv eller få en god kollega eller ven til at beskrive dine

reaktionsmønstre, når du er til reception eller i andre situationer, hvor det handler om at være opsøgende og udadvendt.

Her kan man hjælpe hinanden meget - ved at være ærlig og fortælle, hvad man reelt oplever. Der er som regel stor forskel på den måde, du oplever og ser dig selv på, og så den måde, hvorpå dine omgivelser aflæser dig.

På mine kurser ser jeg ofte kursisterne fordele sig i tre hovedgrupper:

- Den ene gruppe opfatter sig selv som udadvendte og opsøgende, mens omgivelserne ser dem som let tilbageholdende og passive.

- Den anden gruppe oplever sig selv som lavstatusmennesker med få muligheder for at gøre sig gældende i forsamlinger. Her registrerer omgivelserne, at de pågældende rent faktisk optræder med lavstatusattituder, men også, at der ofte er potentialer, der let kunne sættes i spil!

- Den tredje gruppe har ikke nogen anelse om, hvor de befinder sig rent statusmæssigt, og ej heller en fornemmelse af, hvordan andre mennesker oplever dem.

Jeg møder sjældent højstatusmennesker på kurserne, men de oplever jo heller ikke, at de har problemer. Til gengæld møder jeg mange kursister, som synes, at de står ved foden af bjerget, og at det er svært at komme op!

Men uanset hvordan man oplever sig selv, er det vigtigt at være åben og lytte til, hvordan velmenende kursister eller kolleger opfatter en, da den viden kan danne udgangspunkt for en forandring, som kan få en særdeles gunstig betydning for ens fremtid.

Det essentielle ved at arbejde med statusbegrebet er at øge bevidstheden om forskellige måder at agere på. Derefter at opøve sig i at aflæse andre mennesker, så man er i stand til at forstå deres reaktionsmønster. Målet er at kunne flekse med sit statusberedskab og således opnå en harmonisk effekt og dialog.

10.2 Øjenkontakt, smil og ros giver status

En situation, hvor status ofte driller, men hvor man hurtigt kan opnå et positivt resultat, er i forhold til at turde etablere øjenkontakt af den positive slags.

Øjenkontakt giver status, fordi vi forbinder det med åbenhed, ærlighed og imødekommenhed. Mennesker, der tør udsende den type signaler, virker stærke. Tør man ikke se andre mennesker i øjnene, er man derfor nødt til at kæmpe ekstra meget for at komme på bølgelængde med sine samtalepartnere. Derfor er det vigtigt at øve sig på at turde.

Nu er det ikke sådan, at man skal stå og stirre. - Fokuser på et punkt midt imellem din samtalepartners øjne. Så virker det ikke så påfaldende, og kig bare væk engang imellem. Det kan også være en hjælp at træde en anelse længere væk fra hinanden - bare ti cm giver meget luft og kan gøre situationen mere behagelig.

Smil, og du får et smil igen! Det lyder som en frase, men der er faktisk hold i det, fordi du aktiverer en smilerefleks. Prøv at sende et smil af sted, og observer, hvad der kommer tilbage! Smilet er på vores breddegrader en veldokumenteret fælles kode, som tiltrækker mennesker, avler positive reaktioner og imødekommenhed. Dine omgivelser tillægger dig automatisk nogle positive sider.

Poul Ekman, psykolog og ekspert i, hvordan man bruger og aflæser ansigtstræk, forklarer, at vi aktiverer det autonome nervesystem, når vi smiler, hvilket frigiver beroligende endorfiner i kroppen. Så der er en god grund til, at vi selv får det bedre, og at andre tiltrækkes af os, når vi smiler med mund og hjerte.

I adskillige kulturer er det ikke normalt at rose hinanden. Men hvordan har du det selv, når andre roser dig?

Langt de fleste gange bliver man utrolig glad og bedre tilpas med sig selv. - Men ens egne tanker om den person, der roser en – højnes også. Pludselig tillægger man personen en større vigtighed – højere status.

Roser du andre mennesker, højner du derfor din egen status. Rosen skal selvfølgelig være velment og relevant, ellers virker den ikke - tværtimod.

10.3 Vi giver magt til dem, der kan bære det

Hvis vi betragter de to ledere Anders Fogh Rasmussen og Barack Obama, så er der nogle klare fællestræk i deres statusattituder.

Anders Fogh Rasmussen, tidligere statsminister og nu Nato-generalsekretær, har tydeligvis lært noget om kroppens udtryksmuligheder. Det bevirker, at han yderst sjældent signalerer svaghed. Selv når han er presset, bruger han sin kropsholdning, kropssproget og nærværet til at vise styrke og status.

Han lader sig heller ikke forlede til at tale hurtigere eller på et højere abstrakt niveau, når han løber ind i problemer, men holder stort set altid den samme kadence. Er han presset, ser man snarere den modsatte effekt. Han holder pauser og pointerer sine budskaber endnu klarere. – Et typisk højstatussignal: Man bliver ikke nervøs, men bevarer overblikket, er i kontrol og styrer både sine egne reaktioner og selve situationen.

Hvad enten man kan lide Anders Fogh Rasmussen eller ej, så betyder det meget, at en leder handler med vilje og styrke i kropssproget. Det udløser tryghed!

Barack Obama har på utrolig kort tid formået at få os europæere og en stor del af amerikanerne til at blive fans af ham. Egentlig ved vi jo ikke så meget om hans politik og hans holdning til Europa, men sympatien har han fået. - Og hvad er det så, der får os til at lade sympatien stjæle opmærksomheden fra politikken. Barack har den samme ranke holdning som Bill Clinton. Han er ret konsistent i sit kropssprog, som er åbent og roligt.

Han har utrolig meget styr på sin mimik, smiler meget og mestrer også det alvorlige udtryk. Og så overrasker han, når det er betimeligt. Til tider bruger han humor og rigtig meget selvironi. Men værdighed, engagement og troværdighed stråler ud af mennesket Obama.

Han bruger stort set den samme status og udstråling hver gang, han står på en officiel talerstol. Det er ikke kedeligt at se på, tværtimod fremtryller han med sin entydige fremtoning en hurtig og let afkodning af sit kropssprog, så vi hurtigt får overskud til at lytte.

Obamas stemme er også et helt kapitel for sig. En meget
dyb og fyldig stemme, der signalerer ro og overskud.

At han derudover ofte lovpriser sin kone, Michell Obama,
gør, at mange kvinder lægger flere lag sympati til man-
dens identitet.
Vi tiltrækkes af mennesker, der signalerer overskud og
bruger deres kropholdning og statusattituder til at under-
bygge tilstanden. Ordindholdet aktiveres først, når vi har
fået orden i det nonverbale sprog.

■ Vi er villige til at give magt og indflydelse til en per-
son, der ser ud til at have den fysiske og psykiske
kapacitet til at kunne bære det.

■ Vores ord alene kan ikke overbevise. Vores krops-
sprog og vores status skal være på bølgelængde
med det verbale udtryk, for at budskabet trænger
igennem.

10.4 Påklædning
Man kan lege med sin status og "dresse" op og ned, alt
efter hvilken virkning man ønsker.

Udtrykket - "Klæder skaber folk" giver god mening!

Jeg oplever ofte, at tøjet arbejder for mig. Har jeg iført
mig noget markant tøj, forpligter jeg mig selv til at være
længere fremme i skoene. Det kan give en frihed til at
turde mere i den givne situation, men det kræver også
energi og oplagthed fra mit indre jeg.

Når jeg f.eks. holder foredrag, skal jeg indtage en for-
holdsvis høj status. Her trigger og udfordrer jeg ofte mig
selv ved at tage tøj på, som "skubber" mig længere frem på
scenen.

Jeg har erfaret, at det er næsten umuligt at indtage denne
status, at agere og mene noget, hvis mit tøj ikke distance-
rer sig fra mit hverdagstøj. At gøre sig selv til en interes-
sant person kræver for langt de fleste mennesker tøj og
sko, som understøtter deres forehavende.

Det er f.eks. lettere for mig at indtage status som fore-
dragsholder eller kursusleder, hvis jeg har højhælede sko
på - frem for de flade. De høje hæle har også den funk-
tion, at jeg automatisk ranker ryggen for at holde balan-
cen, hvilket igen giver den kropsholdning – der signalerer
status.

- Dog dur det ikke at tage så høje hæle på, at det bliver
ubekvemt, og heller ikke at iklæde sig tøj, som kræver ens
egen opmærksomhed eller totalt stjæler billedet fra det,
man har på hjerte.

Det handler om at finde en balance, som egentlig ikke er
så svær, hvis man øver sig på at være opmærksom på de
forskellige reaktioner, forskellig påklædning afføder.

10.5 Velklædthed giver status
Danske karrierekvinder er oftest meget velklædte. Det
tyder på, at mange har erfaret, at tøj også
formidler status.

Til gengæld har det ofte undret mig, at mænd ikke har
afluret, hvor meget deres tøj fortæller om dem selv.

De fleste mænd kunne tiltrække sig mere respekt og positiv opmærksomhed, hvis de huskede at knappe alle knapperne i skjorten, havde blankpudsede sko på og f.eks. tog et pænt jakkesæt på.

Jeg har ikke noget videnskabeligt belæg for min næste påstand, men jeg kender mig selv og har snakket med mange kvinder om netop forskelligheden i mænds og kvinders syn på velklædthed.

Der er ingen tvivl om, at de fleste kvinder lægger mærke til og afkoder mænds påklædning og gør det mere detaljeret end omvendt.

Velklædte mænd signalerer overblik og styr på tingene, og velklædthed afføder ofte respekt og tillid.

Men selvfølgelig gælder det også her: Signalerer kropsholdningen taberattituder, kommer helhedsindtrykket til at virke ynkeligt.

Men ofte tilfører et velsiddende jakkesæt manden så meget selvtillid, at han helt naturligt ranker ryggen og derved skaber overensstemmelse mellem tøj, holdning og mand.

En registrering af mænd og slips fortæller, at slips er et must i krisetider. Der bruges det til at skabe distance til krisen, mens man i opgangs- og overskudstider kan tage lidt mere afslappet på det.

Et godt eksempel på, hvordan man kan manipulere med påklædning, er Silvio Berlusconi. Han optræder konsekvent ulasteligt klædt i italienske designerjakkesæt. Sko, frisure og tilbehør er tilpasset de ypperligste klassiske italienske normer for velklædthed.

At vi danskere måske opfatter stilen som "klistret", bunder i kulturforskelle og er irrelevant i denne sammenhæng.

Silvio Berlusconi er yderst bevidst om sit image og har bl.a. brugt tøj, sko, overskudsmimik og kropssprog til at skabe et fundament for sin fantastiske status og magt. – Elementer, der dygtigt iscenesat har været med til at nedtone - eller måske helt udslette - oplevelsen af en totalt korrupt politiker!

Og det betyder...
Påklædning kan man bruge til at skubbe sig længere frem mod at turde noget. - Til at etablere ydre status, som måske kan forplante sig videre til en større selvtillid og dermed en højere status og endnu videre til at turde tage initiativ til kontakt.

Et er sikkert: Man skal ikke undervurdere tøjets betydning, både i omgivelsernes afkodning af en og i forhold til ens egen selvoplevelse af, hvilke grænser man sætter op for sig selv.

10.6 Der er også status i visitkort
Har du prøvet at få kontakt med en person ved et netværksmøde og blive interesseret i og måske endda fascineret af vedkommendes kompetencer og historie?

I udveksler visitkort, og du får et tyndt, selv-layoutet eller måske selv-printet kort i hånden. Hvad tænker du så? - Kan du holde fast i førsteoplevelsen af personen – eller er der noget, der ramler?

Visitkortet er en forlængelse eller dokumentation af din personlige varedeklaration og branding. Hvis ikke kortet svarer til den forretning, du har, eller den person, du er, så får modtagerne her anledning til at sætte spørgsmålstegn ved, om du reelt er den person, du udgiver dig for at være.

Al interesse kan falde til gulvet, fordi du signalerer nærighed og lavstatus.
Du kan få produceret et professionelt visitkort for mindre end 2.000 kroner til både layout og trykning. - For den minimale investering kan du signalere, at du kan udfylde den rolle, du fysisk og verbalt gerne vil give udtryk for.

Så tænk i de produkter - visitkort, hjemmeside, foldere osv. - du efterlader til dine omgivelser, de sladrer om dig. Få lavet noget materiale, du er stolt af - så er det også nemmere at få det op af lommen, når du møder mennesker, det vil være godt at få en relation til.

11. Smalltalk

- Et begreb med indbygget lavstatus

Ordet smalltalk kan oversættes med "konversation uden dybere indhold." I begrebets mindst flatterende betydning kan man se smalltalk beskrevet som overfladisk, tom snak.

Det er derfor ikke så underligt, at mange distancerer sig fra begrebet og føler sig negativt stemplet, hvis de bliver beskyldt for at smalltalke.

Begrebet er karakteriseret ved lavstatus: En veluddannet mand ville f.eks. blive noget overrasket, hvis man sagde om ham, at han var en god smalltalker.

Det forunderlige og forjættende ved smalltalk er imidlertid, at den på trods af sin lavstatus danner fundament for mange menneskers daglige ve og vel, både i privatlivet og i deres arbejdskarriere.

Vi glemmer ofte, at det er smalltalk, vi bruger, når vi ved starten af et møde skaber en god atmosfære ved at spørge en kollega, om morgentrafikken var langsom i dag, eller når vi spørger til en kollegas helbred og giver kassedamen i Netto en bemærkning med på vejen.

Smalltalk er en samtaleteknik, et smøremiddel til at komme i kontakt med mennesker og det kit, som skaber og vedligeholder kontakt til venner, kolleger og forretningspartnere.

Når man bruger og forfiner indholdet i smalltalkgenren, opdager man, at teknikken er et særdeles brugbart og effektivt værktøj i arbejdet med at udvide sine netværk. Brugt konstruktivt kan smalltalk sammen med et bevidst kropssprog gøre hverdagen lettere og mere succesorienteret.

11.1 Smalltalkens anatomi

Hvorfor er det vigtigt at beherske smalltalkgenren? Det er det, fordi den er indledningen til enhver god kontakt og relation og en konstruktiv mulighed for at skabe en god stemning med dem, vi gerne vil kommunikere med.
Det er i smalltalkfasen, vi ser hinanden an, og det er her, vores kropssprog og status afkodes af modparten.

Når vi indleder et nyt bekendtskab, aktiverer vi en interesse- og kommunikationsopbygning.

Udgangspunktet ligger et sted, hvor kontakten både kan blive til noget eller ikke blive til noget. Opbygges og skabes der interesse fra begge sider, er vejen åben for, at man kan bevæge sig frem mod en indholdsrig kommunikation.

Er der ikke interesse for en dybere snak - efter en smalltalkindledning - kan man trække sig tilbage uden at føle, at man er blevet ydmyget, har tabt eller på nogen måde lidt skade.

Brug af smalltalk kan således fungere som en indbydelse til en tættere konversation, men kan også være det middel, der skærmer os mod nederlag, hvis vi ikke kan finde noget interessant at snakke med et andet menneske om.

Smalltalken giver os rum til at spotte potentialet i en samtale og samtidig mulighed for at sige både ja tak og nej tak til en kontakt.

11.2 Smalltalk – starten på en god forbindelse

Ønsker du at skabe nye kontakter, skal der etableres en foreløbig platform, som giver tid til afkodning af kropssproget og en efterfølgende vurdering af potentialet i samtalepartneren.

Til disse indledende manøvrer, som er ret afgørende for, om en ny kontakt bliver til noget eller ej, er smalltalken ideel.

For skeptikerne, der føler, at det er spild af tid eller svært at håndtere den uformelle snak, kan det være en fordel at se smalltalken som en indgangs- eller overgangsfunktion med en essentiel iboende afklaringsproces.

Er du fortsat skeptisk over for smalltalk, må du overbevise dig selv om, at du måske ikke personligt har noget behov for denne indledningsfase, men at din samtalepartner sandsynligvis vil sætte pris på det. - Da det er din pligt at være med til at sætte den gode stemning, kræver situationen, at du er meget opmærksom på ikke at overtræde din samtalepartners grænser for, hvor hurtigt du kan gå frem.

En god kommunikationsproces er bygget op over tre niveauer og har sit udgangspunkt i smalltalken.

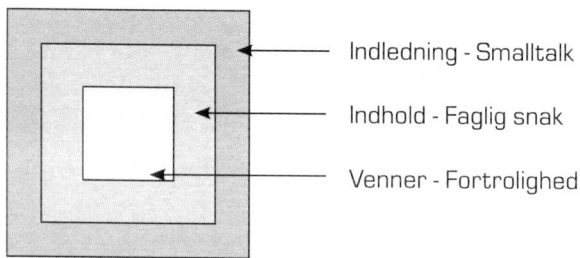

Indledning - Smalltalk

Indhold - Faglig snak

Venner - Fortrolighed

Kommunikations-intensitet
God kommunikation bygges op i niveauer
Samtalens anatomi har tre kommunikationsniveauer, hvor smalltalken ligger i det første niveau.

- På smalltalk-niveauet forsøger man at skabe en god atmosfære for den, man gerne vil i kontakt med. Det handler om at være entydig i sin kommunikation via kropssprog og stemmeføring og at give den potentielle samtalepartner lyst til at følge med op på næste niveau.

- Glider I ind på det andet niveau, er I formodentlig i gang med en faglig snak eller et fælles referenceemne. De fleste mennesker føler sig godt tilpas i dette område. I har fundet noget at være fælles om og har dedikeret jer til en reel samtale med indhold.

- Det inderste niveau er lig med intens og personlig kommunikation. Det er her, vi snakker sammen som gode kolleger, venner og nær familie.

Det er svært at sige, hvor længe der skal smalltalkes, før man bevæger sig fra første til andet niveau. Men jo større overensstemmelse der er mellem det fysiske og det verbale udtryk, jo hurtigere kommer der balance i modpartens oplevelse af, hvem du er, og hvad dit ærinde er - hvilket giver adgang til den faglige og indholdsrige snak.

Erfaringen viser, at man kan opøve evnen til at registrere, om der er interesse for yderligere kontakt, eller om der ikke umiddelbart kan skabes et fundament for en fortsættelse.

Skulle det sidste være tilfældet, så husk endelig at komme ud af situationen på en god måde. Du ved aldrig, om kontakten kan genetableres en anden gang.

Når du "udfaser" en kontakt, bruger du også smalltalk, dvs. sig "tak for snakken", og lad samtalepartneren opleve, at du synes, at selv det korte møde var behageligt, og at du vil være parat til at genoptage kontakten en anden gang.

Har du ikke lyst til at genoptage kontakten, så sig alligevel farvel og tak på en venlig måde.

Husk, at din samtalepartner måske har haft en bedre oplevelse af situationen og måske kunne anbefale dig til en eller anden i sit netværk, så forlad aldrig en kontakt på en ubehøvlet måde eller ved at glide sidelæns ud af snakken.

Den samme teknik bruges ved møder, hvor du har initiativet. Luk mødet med lidt smalltalk: Tak for den interesse, deltagerne har udvist, brug omsorgsfulde bemærkninger og humoristiske citater, snak om den vejrsituation, deltagerne skal ud i osv.

Ligesom den indledende fase i en kommunikation er vigtig, er det også afgørende at afslutte et møde på en behagelig måde. En tam snak eller en halvdårlig komsammen kan mildnes med en god afslutning eller afsked.

11.3 Klassiske emner
Hvad er det så for emner, man kan tage op i en smalltalksituation? Mange tror, det skal være specielt og højttravende, men her kan man dårligt tage mere fejl.

Det er vigtigt at huske på, at din potentielle samtalepartner har fuldt op at gøre med at afkode dig på dit nonverbale sprog. Her betyder tonefald, blik, nærvær, kropssprog og den stemning, du slår an, langt mere end smarte sætninger og indfald.

Dybest set bringer det tryghed ind i situationen, at emnerne er overskuelige og genkendelige. Det er ikke her, du skal udfordre din eventuelle samtalepartner!

Af evigtgyldige, ufarlige emner kan nævnes:

- Hvad bringer dig hertil?
- Vejret
- Tv-programmer og nyheder
- Kultur, film og bøger
- Overskrifter i medierne
- Rummet, du befinder dig i. Se dig omkring – ofte er der "gratis" inspiration at hente i omgivelserne, anledningen, maden, specielle gæster osv.
- Bed om hjælp!

De klassiske emner er altid brugbare. Selvom nogle af dem kan virke fortærskede, er de effektive, fordi der eksisterer en fælles konsensus om, at de udgør acceptabelt og ufarligt samtalestof til en startsnak. Smalltalk handler i sin grundform om det, vi er fælles om.

Befinder man sig i sammenhænge, hvor man har fælles interesseområder, kan man selvfølgelig specificere sine spørgsmål.

11.4 Brug åbne spørgsmål
Fælles for den indledende kontakt er, at det er godt at stille åbne spørgsmål, dvs. spørgsmål, man ikke kan svare ja eller nej til, men hvor samtalepartneren er tvunget til mindst at svare tilbage med en hel sætning.

Typisk er hv-spørgsmål - hvem, hvad, hvordan - bedst til at få folk til at snakke.

Man kan dog som samtalepartner føle sig i forhør, hvis man bliver udsat for en hel byge af hv-spørgsmål. Så skift - straks der er bid på krogen - til almindelige samtalespørgsmål, som giver en mere ligeværdig snak.

11.5 Vær velorienteret

Det handler også om at være klædt godt på, at være velorienteret i f.eks. nyhedsstof, både indenrigs og udenrigs, film, teater og de nyeste bøger. Er man godt orienteret i samfundsstoffet, kan man stort set glide ind i en snak når om helst og hvor som helst og føle sig veltilpas i situationen. Det giver selvtillid at have fornemmelsen af, at man kan være med på en snak om lidt af hvert.

11.6 Parallelsnak – pas på!

Kender du følgende situation? Du er lige vendt hjem fra en fantastisk ferie og har en masse oplevelser, som du brænder for at fortælle videre. Du starter med at berette om de vilde dyr, du kom meget tæt på.

Men så snart du har afsluttet de første sætninger, tager din samtalepartner over og fortæller videre om sin egen tur til Kenya. Det kaldes parallelsnak! En samtaleform, hvor den ene historie inspirerer til den næste.

Problemet ved denne måde at tale sammen på er, at man aldrig når ind til kernen i den enkeltes fortælling, og at det ofte efterlader en frustreret førstefortæller, fordi man ikke får mulighed for at folde sine oplevelser ud.

Så vil du skabe en god atmosfære i dine indledende smalltalksamtaler, så bliv i historien. Lyt til fortælleren, og spørg ind til oplevelserne og det, der bliver fortalt. – Du vil blive elsket for det og blive en eftertragtet samtalepartner.

11.7 Gode smalltalkere er gode lyttere!

Det er vigtigt, at du tør tage initiativ til at etablere small-talk og derved få en samtale til at køre. Men når først snakken er i gang, er det endnu vigtigere, at du kan tie og lytte. Den bedste måde at få sin samtalepartner til at føle sig godt tilpas på er således at låne ham eller hende øren. Folk, der er gode til at lytte - på den rigtige måde - er ofte populære i et selskab. Og hvad er så den rigtige måde? Det er, når du med hele dit kropssprog viser, at du lytter, og at du finder snakken interessant og berigende. At du stiller opfølgende spørgsmål, som får din partner til at perspektivere sin viden eller historie.

Mennesker bliver som oftest meget glade og beærede over, at man viser dem ægte interesse.

Vores kongefamilie lever en stor del af deres udadvendte liv i smalltalkens regi, og her skulle Dronning Margrethe engang have sagt, at måden, hun holdt det ud på, var ved at lytte interesseret og spørge ind til, hvad der blev sagt og fortalt. Det er netop et væsentligt element i smalltalkens liv *at lytte* og kunne stille relevante spørgsmål til fortælleren.

Tænk engang, hvor dejligt det føles, når du har en aktiv lytter foran dig. Én, som tager dig alvorligt, og som ikke har travlt med at parallelsnakke eller holde øje med, hvad der ellers sker i forsamlingen, men spørger ind til dig, dit arbejde, eller hvad nu samtalen drejer sig om.

For de fleste mennesker er det at blive lyttet til en luksus, som kaster positive vibrationer af sig. At være en aktiv lytter og følge op på det fortalte er derfor et super-værktøj, når du smalltalker.

Smalltalk – bruges til at skabe nye kontakter.
Et af de ypperligste mål med smalltalk er at få andre mennesker til
at føle sig godt tilpas i vores selskab.
Smalltalk er isbryderen, der leder til en dybere samtale og
skaber grundpillerne til samarbejde og forretningsrelationer.
Vær en aktiv lytter med din mimik og dit kropssprog!
Minimer parallelsnak!

11.8 Hvad er det værste, en smalltalker kan gøre:

- Snakke for meget om sig selv
- Belære
- Afbryde
- Stille for mange spørgsmål
- Overhøre og overse sin samtalepartners signaler
- Køre for hurtigt frem
- Blive for privat

Det er vigtigt at huske, at smalltalk handler om at holde en
samtale i gang og at skabe en god atmosfære - **ikke** om at være
overklog eller at slås med sin samtalepartner.

11.9 Den svære kontakt

Man kan undre sig over, at det er så svært at skabe kontakt til fremmede mennesker. Når man nu ved, at der ofte er benefits forbundet med at møde nye mennesker og etablere større og bedre netværk.

Grunden til, at vi vægrer os ved at optage kontakt med fremmede mennesker, er angsten for at få et afslag, at blive afvist.

Vi er bange for, at vores modtager ikke optager kontakten i den ånd, den var tænkt!
At den, vi opsøger og dermed lægger vores skæbne i hænderne på, skal ignorere vores henvendelse, og at vi kan imødese et nederlag eller en ydmygelse.

Hvis du ikke kan nikke genkendende til ovenstående forklaring, så prøv næste gang, du står i en situation, hvor du med din fornuft kan se fordelen i at skabe kontakt til en i kredsen, at overveje, hvad der holder dig tilbage. Hvad er det, der bremser dig? Hvorfor er det svært?

Svaret kan være generthed, manglende selvtillid eller, at du ikke mener, du har noget at byde på.

Der er lavet undersøgelser, der viser, at det at stå frem i forsamlinger og tage kontakt til fremmede mennesker kaster rigtig meget angst af sig.

Så der er ikke noget at sige til, at mange mennesker oplever, at det er et stort bjerg, der skal bestiges, når de skal netværke blandt mennesker, de ikke kender.

11.10 Hvordan takler du problemet?
Den mest effektive måde at sætte sig ud over angsten på er at se på dine egne reaktioner, når andre forsøger at komme i kontakt med dig.

Hvordan ville du selv modtage en person, der tager mod til sig og f.eks. kontakter dig i en pause på et kursus - med risiko for at blive afvist.

1. Ville du tænke:
"Sikke en idiot, hvorfor kommer han over til mig?"

2. Eller ville du tænke:
Hvor modigt og dejligt, at vedkommende lige netop har valgt at snakke med mig. Der må være potentiale i vedkommende, og jeg vil derfor tage godt imod ham eller hende.

Jeg tror, de fleste ville tænke og handle som den sidste. Og tænker du sådan, så vil andre mennesker formodentlig handle på en lignende måde og dermed blive glade, hvis du indbyder til kontakt.

Logikken i denne overvejelse viser, at det er de stærke - heltene og overskudsmenneskene – der skaber kontakt. Den viser også, at risikoen for at blive afvist er stærkt overdrevet!

Selvfølgelig vil man komme ud for, at der bliver nikket goddag - hvorefter ryggen bliver vendt til. Men hvor tit sker det? Og hvis det så skete, og situationen udspillede sig for øjnene af en stor samling mennesker, hvem tror du så, omgivelserne ville registrere som tåben i forsamlingen? Ham, der ikke tog pænt imod en velment indbydelse til kontakt, selvfølgelig!

Derfor er der alt at vinde ved at tage ejerskab på kontakt og være den aktive. Men du må så heller ikke glemme at være med til at gøre det nemt og behageligt for de mennesker, der tager mod til sig og opsøger dig.

Vær en aktiv og åben medspiller, hvis en anden person viser mod og kontakter dig.

Man kan bruge to gyldne sætninger til at lokke sig selv ud af busken, når man er ude i forsamlinger, hvor det er interessant at networke:

1. Risikoen er minimal, og mulighederne store!
2. Jeg ville blive glad for at blive kontaktet - så vil andre sikkert også blive glad for at blive kontaktet af mig!

Hvis du ikke umiddelbart kan komme angsten for afslag til livs, kan det skyldes en dybereliggende årsag.

Den selvsamme angst for afslag kan også tolkes som et udslag af stor selvopmærksomhed. – Når man kan blive så såret og angstprovokeret af noget, som måske aldrig har fundet sted, og som aldrig vil finde sted, kan det tyde på, at man har en overdreven opmærksomhed på sig selv.

Hvis man dybest nede i sig selv kan nikke genkendende til bare en flig af denne logik, så kunne det være en stor hjælp at prøve at glemme sig selv i situationen og øge sin opmærksomhed på omgivelserne.

Ved at løfte dig selv ud af denne unødvendige angst og selvfokusering vil du opleve en positiv reaktion fra omgivelserne, fordi opmærksomhed over for andre mennesker stort set altid avler gensidig opmærksomhed over for dig.

Det er vigtigt at komme sig over angsten for afvisning, da den er et overdrevet åg, som unødigt hæmmer mange erhvervsfolks egentlige ønske om at være gode networkere.

12. Kultur

Det burde være ligetil!

Hvad sker der, når vi træder ind i en forsamling? Vores blik scanner lynhurtigt flokken for kendte ansigter. Findes der en eller flere personer, man kender, ånder man lettet op og begiver sig straks hen til et område, hvor man føler sig i sikker havn. Kender man *ikke* umiddelbart nogen i forsamlingen, så stiger varmen en til hovedet, og gode råd er dyre.

Ofte er vi i disse situationer ganske klar over, at vi bliver betragtet af andre, som afkoder vores færden og handlinger, eller snarere - vores usikkerhed og forvirring, og dette gør ikke just ens indtræden nemmere.

Men hvorfor kan vi ikke bare helt naturligt træde ind i et rum og glæde os over, at der er så mange nye mennesker til stede, som muligvis repræsenterer et nyt og spændende potentiale for vores liv og vores virksomhed?

Den første grund er - som beskrevet i forrige kapitel - at vi er bange for afvisning.

Andre grunde ligger gemt i vores kultur og handler om:

- at vi ikke er opdraget til at være opsøgende
- at vi ikke dyrker det at lukke nye mennesker ind i gruppen
- at vi ikke er opmærksomme på at introducere for hinanden
- at vi ikke har tradition for at cirkulere

12.1 Hvad er praksis, og hvad kan vi lære?

I Danmark er det ikke et naturligt element i vores adfærdsmønster at være opsøgende. Måske fordi mange af os helt fra barnsben har lært, at man pænt venter på at blive kontaktet. Det er ikke god skik at fare frem eller mase sig på.

Konsekvensen bliver, at de fleste af os ikke gør noget og ej heller føler os forpligtet til at være den udfarende part.

Ser man problemstillingen udefra, kan man med lige så god ret hævde, at det er dårlig praksis *ikke* at være aktiv og tage kontakt. Skal man have en god fest, må alle bidrage, og det samme gælder, når man dyrker netværk.

I princippet har vi alle i en forsamling et ansvar for, at kommunikationen fungerer - både i respekt for os selv og vores omverden.

12.2 Gruppedannelse

De fleste har formodentlig oplevet, at det er svært at integrere sig i en gruppe, når man står i en forsamling. På den anden side kender vi også godt til fornemmelsen af tryghed, når vi har fundet sammen med gode kolleger. Det er sjovt og hyggeligt, og man slipper for at stå og se kontaktsøgende eller kunstigt optaget ud.

Hvis vi vender os mod lande som f.eks. England og USA, ser man en anden type mødekultur.

Står en person uden for en gruppe, åbner gruppen sig oftest for en. Man bliver budt indenfor via et åbent spørgsmål, eller en eller flere fra den etablerede gruppe flytter sig umærkeligt over til den, der står udenfor. Der er i det hele

Livet udenfor en gruppe er ikke sjovt.
Men meget almindeligt i Danmark

taget langt større åbenhed og opmærksomhed på, at alle i forsamlingen skal føle sig tilpas.

Typisk vil man se værten plus en kreds omkring ham eller hende have øjne og ører i alle kroge af forsamlingen - i den hensigt at sørge for, at alle deltagere har en relevant person at snakke med. Overvågningen foregår ganske diskret og opleves som en stor behagelighed, fordi man ved, at man sjældent kommer til at stå alene, når man er til konferencer og receptioner.

I de kulturer, hvor man generelt har meget opmærksomhed på, at alle føler sig indlemmet i en gruppe, har man også en klar oplevelse af, at nye mennesker er lig med nye forretningsmuligheder, og den ene tjeneste er den anden værd.

At skabe kontakt, at hjælpe et menneske ind i flokken, er en tjeneste, som viser, at man har overblik og personligt overskud. Desuden ligger det implicit i systemet, at hvis du har gjort mig en tjeneste, så gør jeg nok gengæld en anden gang.

12.3 Fra minus til plus

Den danske model, hvor der ofte lægges en usynlig, indforstået ring omkring gruppen, giver umiddelbart en tryg intern oplevelse. Men vælger man notorisk at koble sig på gamle kolleger og kendinge, udvikler man ikke nye kontakter og netværk og afskærer sig derved fra at opdatere og fremtidssikre sine netværk!

Uden for de etablerede grupper ser man de frie fugle, der forsøger at finde en stadeplads for ikke at føle sig helt fortabt. Typisk fordufter disse mennesker ved først givne lejlighed, da de tydeligvis ikke føler sig godt tilpas. De får ikke – eller giver ikke sig selv - chancen for at blive en del af det gode selskab.

Derfor handler det om at turde bruge din indsigt og vende et minus til et plus.

12.4 Stil krav til dine medarbejdere

Mange virksomhedsledere og medarbejdere bruger en del arbejdstimer og penge på kurser, konferencer og receptioner uden at stille krav om, at denne investering skal berige virksomheden med nye kontakter og forbindelser.

Derfor kan der ligge et stort potentiale i at stille krav til sig selv og ens medarbejdere om, at et naturligt udbytte af en reception eller en dag på konference eller kursus skal være mindst én ny konstruktiv kontakt til virksomheden.

Som studerende eller iværksætter ligger udfordringen i at kunne skubbe sig selv ind i ringen, at kunne se fordelen i at være aktiv – og sætte et konkret mål op for, hvor mange kontakter man skal have etableret – inden man giver sig selv lov til at gå hjem.

Det pudsige ved at stille den slags udfordringer er, at der går sport i den, og at man derved indbyder eller provokerer den enkelte til at træde ud over de sædvanlige grænser for, hvad man plejer at turde! Udfordringen betyder også, at man tvinges til at være nysgerrig og spørge ind til de øvrige gæster i forsamlingen.

12.5 Introducer hinanden

På et tidspunkt, hvor jeg studerede engelsk kultur, boede jeg hos en familie i London. Kort tid efter, at jeg var ankommet, inviterede de mig generøst med ud i byen til et arrangement.

Jeg var ikke vild med det, for jeg kendte ikke et øje i byen og forudså en aften, hvor jeg skulle stå i et hjørne og passe mig selv.

Men jeg skulle blive positivt overrasket. Allerede ved det første party fik jeg øjnene op for et effektivt netværksspil, som fungerede til alles bedste.

Straks jeg trådte ind i selskabet, var arrangementets værtspar opmærksom på min ankomst. De kom hen til mig og spurgte interesseret til, hvordan jeg befandt mig i London, hvad jeg studerede, og hvilke interesser jeg havde.

Senere opdagede jeg, at de brugte mine oplysninger til at kæde mig sammen med nogle af de andre gæster, som havde lignende interesser eller kvalifikationer.

Efter at værtsparret – troede jeg – havde overstået deres pligtsnak med mig, ønskede de mig en rigtig god aften i deres gæsters selskab.

Jeg nåede lige at snuppe et glas champagne, inden jeg blev tiltalt af en meget velklædt midaldrende herre. Den agtværdige mand viste sig at være professor i sprog og kommunikation og lagde straks ud med at spørge mig, hvad jeg forventede at få ud af mine studier i London.

Efter en meget inspirerende snak fik jeg hans visitkort og skulle endelig komme på besøg på hans universitet. Inden jeg fik takket helt af, blev jeg samlet op af en gruppe franske studerende, som havde hørt, at jeg kom fra Danmark. De kendte til en *charity club*, hvor velhavende engelske kvinder brugte en eftermiddag om ugen på at konversere med udenlandske kvinder. Jeg fik kontaktoplysningerne, og forbindelsen til de moderne aristokratiske kvinder blev til megen inspiration og glæde under mit ophold i London.

På vej ud af døren mødte jeg en herre, som spurgte, om jeg ikke var ny i denne sammenhæng? – Og jo, det var jeg. Vi fandt meget hurtigt ud af, at vi havde antikviteter og auktioner til fælles. Så aftalen blev, at han skulle samle mig op ugen efter og tage mig med på en meget speciel auktion i Kings Road.

Yes! Jeg kom hjem - efter denne reception - med ikke mindre end fem visitkort og flere aftaler om at mødes igen. Det var en helt euforisk oplevelse, og jeg følte mig mere end velkommen i London.

Ud af denne aften kom der to rigtig gode venskaber og adskillige sjove oplevelser – ud over, at jeg via disse kontakter og flere lignende selskaber fik et stort og godt netværk i England.

Det er tankevækkende, hvor naturligt mange englændere håndterer netværk. De er supergode til at være opmærksomme på hinanden, og det er sjældent, at nogen ender med at stå alene eller må foretage den ubehagelige manøvre - at mase sig ind i en gruppe.

Jeg oplever, at det er en indgroet adfærd at introducere for hinanden, og at de for længst har indset de iboende fordele ved det. - Der eksisterer en gensidig forståelse: I aften introducerer jeg et interessant menneske for dig, og så introducerer du sikkert en relevant person for mig en anden gang.

Ved at bruge denne metode får man som oftest *hints* om fælles interessefelter, hvilket betyder, at man mindre akavet og formodentlig med større motivation kan få gang i en relevant smalltalk.

Da det ikke er særlig udbredt at introducere i Danmark, vil dine omgivelser utvivlsomt se lidt forundret til, når du begynder at dyrke det. Men nogle skal jo være pionerer, hvis vi skal flytte noget til fælles bedste!

Husk at introducere for andre, og lad andre introducere dig. Sker det ikke automatisk, så bed andre om at gøre dig den tjeneste. På den måde hjælper du andre og kan selv nå frem mod dit mål.

12.6 Husk at cirkulere

Et andet vigtigt element i netværksteknikken er funktionen "at cirkulere". Jeg skulle lige vænne mig til oplevelsen af, at min samtalepartner hurtigt forlod mig efter 10 minutter, når vi ellers havde fået etableret en god kontakt. Takkede for snakken, gav mig sit visitkort og sagde, at han ville kontakte mig - men ellers ville cirkulere. Min første tanke var: Keder jeg ham? Men nej, det handler om at nå noget, når man er på de bonede netværksgulve.

Teknikken er: Ønsker du at snakke videre med din samtalepartner, så lav en aftale. Der er jo ingen grund til at bruge sparsom netværkstid på en snak, der har bedre vilkår ved et senere møde. Sørg for at lave en fast aftale - dag og tidspunkt, hvor I skal ringes ved eller mødes igen.

Erfaringen viser, at et nyt møde eller en opringning helst skal finde sted senest otte dage efter første kontakt.
Får du et visitkort af din samtalepartner, så noter nogle stikord på bagsiden af kortet. Det letter hukommelsen væsentligt, når du kommer hjem med 10 af slagsen.

Denne strategi giver dig mulighed for at komme i kontakt med vedkommende igen og eventuelt researche på gode kontakter, der kan gavne ham eller hende.

Byd ved denne lejlighed også gerne på noget konkret – et møde, en kop kaffe, en middag eller et tilbud. Det gør det lettere at ringe op og nemmere for modtageren at forholde sig til kontakten.

Af og til vil du også møde mennesker, hvor du ikke ser noget potentiale i hverken at hjælpe vedkommende eller selv få noget ud af kontakten. Ofte har man lyst til bare at sive fra samtalen. Men væn dig til altid at takke for snakken, inden du cirkulerer videre. Du ved aldrig, om din samtalepartner har en anden oplevelse af situationen og måske anbefaler dig til en af hans netværkskontakter.

12.7 En, der kan kunsten
Nu er det selvfølgelig ikke kun i udlandet, at man kan netværke på en effektiv og inspirerende måde.

Jeg kender en herboende mand, som blev headhuntet til et topjob. Jobbet var af en sådan karakter, at det blev omtalt i

> Tak for snakken. Hyggeligt at høre om dine spændende projekter. -Jeg skal lige nå at kontakte et par stykker mere. -men jeg har dit visitkort.

Man skal lige vænne sig til, at samtalen afbrydes. Men bliver det forklaret og gjort på en pæn måde, kan det smitte, og vi vil alle få flere og bedre netværk.

Børsen og andre erhvervsblade. Over hele linjen koncentrerede man sig om at beskrive, at han havde et af de største og mest indflydelsesrige netværk i Danmark, og at det var årsagen til, at han distancerede andre kandidater til jobbet.

Han er også supereffektiv ved receptioner, fester og i andre netværkssammenhænge, fordi han evner kunsten at cirkulere. Han står maksimalt 10-15 minutter ved hver person, lytter og taler, og er 100% intensivt til stede, hvorefter han takker for samtalen og cirkulerer videre.

Han har på forhånd planlagt, hvilke mennesker han skal nå at snakke med, og hvad han skal tale med dem om. Samtidig er der også plads til spontane møder, hvis der skulle vise sig andre interessante mennesker ved den givne lejlighed.

Man kan se, at folk føler sig godt tilpas i hans selskab og nødigt vil slippe ham. Dog evner han på elegant vis at få sig snakket sig ud af samtalen - så alle ser tilfredse ud, når han forlader dem.

Han spiser og drikker sjældent ved disse lejligheder: For ham
er disse timer business, og tiden skal udnyttes optimalt.

Hans adfærd har været en stor inspirationskilde for mig.
Dels fordi jeg kan se en perfektionering af det at være
både en networker og en netweaver - være menneskelig og
samtidig effektiv.

12.8 Skab en god atmosfære!

Hvis du tænker på en netværkssammenhæng, hvor du har
følt dig godt tilpas, kan du garanteret føre det tilbage til
oplevelsen af at have fået opmærksomhed. Det er nemlig
rart at føle sig set, hørt og respekteret.

Og når man selv godt kan lide den tilstand, så kan andre
mennesker uden tvivl også. En mester i denne teknik - at
give andre opmærksomhed – er den tyske forbundskansler
Angela Merkel.

Fra at være nærmest en lille grå mus har hun udviklet sig
til at være Europas darling. Og hvad er det så, hun evner?
Jo, hun giver sine medspillere noget, de godt kan lide -
opmærksomhed.

Pludselig føler de store, tunge mænd i Europa sig både hørt,
set og respekteret og er villige til at indgå diverse forlig for
at blive i tilstanden. Slutproduktet for Angela Merkel er, at
hun – fordi de alle er så begejstrede for hende - forholdsvis
nemt får sine dagsordener gennemført.

12.9 Hvor er nysgerrigheden?

En anden ting, som er iøjnefaldende, er danskernes åben-
lyse mangel på nysgerrighed over for hinanden. Vi spørger
ikke meget til hinanden, og det kan – måske fejlagtigt –

tolkes som total mangel på interesse for, hvad der foregår lige for øjnene af os.

Jeg betragter ofte mine kursister, når vi starter på et kursus. Nogle kommer ind i lokalet, får lige fremstammet et "godmorgen", sætter sig ned og begynder at bladre i deres papirer. Et mindretal kommer ind og starter med at spørge til de andre kursister. Hvor kommer du fra, hvad laver du, hvorfor kommer du her på kurset osv.?

Med nysgerrighed er det ligesom med at være opsøgende: Det er ikke noget, der falder danskerne naturligt.

Aflurer man den amerikanske omgangsform, oplever man ofte en enorm spørgelyst og nysgerrighed. Det betyder, at man ret hurtigt føler sig godt tilpas, og at man kender de mennesker, man møder. Måske er bekendtskabet overfladisk – ja, og hvad så?

Jeg har ofte følt mig i godt selskab med amerikanere, selvom det så kun er blevet til få timers bekendtskab. Fanget ind af deres nysgerrighed er jeg begyndt at snakke og er kommet på bølgelængde med fremmede mennesker på rekordtid. – De har lært noget, jeg har lært noget. De kender mig, jeg kender dem. De kan anbefale mig, jeg kan anbefale dem, og så har vi tillige haft det rart i hinandens selskab.

Hvis nu vi danskere begyndte at agere mere åbent og nysgerrigt over for hinanden, ville livet blive lettere og sjovere for de fleste af os. Vi ville oparbejde netværk, som igen ville udbrede sig til andre, og mængden af kræfter, som ville arbejde for os og vores virksomheder, ville være enorm!

12.10 Find rollemodeller

Prøv ved lejlighed at aflure de mennesker, der har en aura af popularitet omkring sig. Du vil opdage, at langt de fleste af dem *ikke* sætter sig selv i centrum, men derimod evner at sætte andre i fokus.

Et andet slående karaktertræk ved disse mennesker er, at de ofte er gode til at rose og give komplimenter. Ikke ros for rosens skyld, men relevant ros. Den slags, der får din samtalepartner til at føle sig accepteret og inde i varmen. – Og det giver til gengæld dig selv status og selvtillid.

Jeg kan kun anbefale, at du finder et par mennesker, som du føler evner at skabe kontakt på den effektive måde – og som du synes passer til dig.

Kan du tage personlig kontakt til dem, så gør det. Fortæl dem om dit ærinde: De vil garanteret blive smigrede – og det vil få dem til at give dig deres bedste råd.

Guruen Anthony Robbins sagde engang ved en af sine store seancer: "Søg viden hos de allerbedste – her kan du på tyve minutter få essensen af et helt livs erfaringer."

Kan du ikke få kontakt med dine rollemodeller, så afkod dem, og adopter det, du finder relevant.

Uanset om du bruger den ene eller den anden metode, eller du ser til udlandet og tilegner dig nogle "fremmede" værktøjer, så vil du med disse hurtigt kunne udbygge dit netværk med en masse relevante erhvervsrelationer.

13. Ti gode råd

1. Husk altid at have visitkort på dig - med alle relevante oplysninger. Et foto på visitkortet gør det ulige nemmere at genkalde sig en person, hvis man efterfølgende ønsker at tage kontakt.

2. Du bygger ikke netværk ved at sidde hjemme på kontoret og ringe rundt. Du må ud til receptioner, konferencer, messer, netværksmøder, kurser osv. Det er ude i marken, det sker.

   Tvangsforestillinger om, at networking er kedeligt og nederlagsfyldt, skal vendes til noget positivt:

   Du skal ud af huset og møde nye mennesker, der garanteret kan bidrage med noget til dit liv og din virksomhed. Tænk på, at gode netværk er lig med magt og indflydelse.

3. Dit kropssprog fortæller meget om din tilstand, dit velbefindende og dit over- eller underskud. Optræd altid i den bedste udgave af dig selv. Husk, at vi tiltrækkes af vinderattituder. Taberne har det alt for svært, så fake om nødvendigt de timer, en reception eller en konference varer, så du opnår maksimalt udbytte ved enhver netværksmulighed. Orker du ikke - eller kan du ikke frembringe det fornødne overskud, der skal til - så bliv hellere hjemme denne ene gang.

4. Vær aktiv! Tag kontakt, præsenter dig selv og ha' altid tre indledende smalltalk-spørgsmål parat.

   Eksempler: Hvad bringer dig hertil?
   Hvor kommer du fra? Hvad laver du?

Vær en god lytter, stil opfølgende spørgsmål, og bliv i historien. Søg efter fælles interessefelter eller passioner. Det skærper incitamentet til mere konversation og gør det nemmere efterfølgende at huske hinanden.

5. Bliv god til at cirkulere, så du får talt med mange. Husk at afslutte med at uddele dit visitkort, og lav en aftale om, hvornår I høres ved igen. Laver I ikke en fast aftale, så ring eller send en mail senest ugen efter. Byd ved denne lejlighed gerne på noget konkret – et møde, en middag eller et tilbud. Det gør det lettere at ringe op og nemmere for modtageren at forholde sig til kontakten.

6. Skab en god stemning med smalltalk, så andre bliver glade, og du derved også selv bliver glad.

   Vær opmærksom på dine omgivelser – ros dem, tal til dem, og lad dem føle sig accepteret og inviteret ind i varmen. For mændenes vedkommende: Vær galant - det lønner sig i den grad. For kvinderne gælder det om at tage åbent imod og vise glæde, når man får opmærksomhed.

7. Når vi går ud for at møde nye mennesker, får vi danskere en stor lyst til at tage kontakt til de mennesker, vi kender i forvejen, eller som ligner os selv.

   Det er også glimrende, hvis vi har valgt konteksten "I dag skal vi hygge os", men gælder det business, er det vigtigt at forlade de trygge rammer og i stedet være opmærksom på mennesker, der kan berige os med nye og anderledes muligheder, indfaldsvinkler og perspektiver.

8. Udvælg relevante netværk og også gerne aktuelle personer, som vil kunne gavne din virksomhed.

   Kendte og eftertragtede mennesker er ikke nødvendigvis svære at komme i kontakt med. En målrettet indsats baseret på en seriøs forberedelsesfase kan hjælpe med til at gøre kontakten relevant for vedkommende og desuden dæmpe ens egen nervøsitet.

   Gå efter guldet! Der er ingen, der takker dig for ikke at gøre det!

   Husk, at god networking lige så meget handler om at give og dele ud af sin viden. Det, du giver ud, kommer som regel mangefold igen.

9. Stil dig selv og dine medarbejdere en opgave hver gang, der skal bruges et par timer på en reception, en dag på en konference eller en uge på et kursus. Disse netværksmuligheder skal resultere i mindst én ny kontakt til firmaet - og gerne flere. Ved at gøre dette til en opgave løfter man sig ud af sit eget navlepilleri og gør det til et stykke professionelt arbejde at opsøge nye kontakter. Således kan networking blive en sport, hvor kunsten bliver at overgå sig selv.

10. Gør networking til en arbejdsdisciplin. Find rollemodeller, eller vær selv en af dem, der går foran og viser, hvordan man udvælger sig gode netværk, og hvordan man agerer i dem.

Opstil succeskriterier for, hvad netværksaktiviteterne skal bidrage med i jeres virksomhed. Giv funktionen værdi og ros, og uddel opmærksomhed og belønning til de personer, der arbejder for sagen.

14. Vejen til succes

Forberedelse – til at blive en god networker

Generelt

- Øv dig i at smalltalke! Skab forbindelse, og etabler en god atmosfære omkring alle de mennesker, du kan komme i kontakt med. Brug parkeringsvagten, kollegaen, direktøren, konkurrenten osv. Øvelse giver med tiden en lethed i kommunikationen.
- Øv dig på at træde ind i en forsamling, og beslut, hvordan du vil opleves af de andre.
- Forbered og afprøv din introduktion – husk, den skal være relevant og kort!
- Hold dig informeret om nyheder, politik, musik og varme emner i tiden - det øger selvtilliden at kunne tale med om lidt af hvert.

Inden du skal ud af døren

- Beslut, om det arrangement, du skal til, er for sjov eller *noget, du kan få noget ud af.*
- Ha´ tre smalltalk-spørgsmål parat - samt en god afslutning.
- Sæt dig mål for, hvor mange og hvilke kontakter du skal have med hjem.
- Husk visitkort samt pen og papir, så du kan skrive eventuelle informationer ned.

Ved konferencer, kurser, receptioner, messer osv.

- Tag en chance – vov noget – vent ikke på, at du bliver kontaktet.

- Vær bevidst om, hvilke signaler dit kropssprog og ansigtsudtryk udsender!
- Søg øjenkontakt, præsenter kort dig selv, og stil hv-spørgsmål.
- Lyt, lyt, lyt, og brug opfølgende spørgsmål.
  Søg efter fælles interesseområder eller passioner.
- Brug komplimenter, og skab en god atmosfære.
- Brug andre til at lede dig mod dit mål.
- Introducer andre.
- Husk at cirkulere.
- Fremstå i den bedste udgave af dig selv.

Efter mødet – evaluer!

- Nåede du dine mål?
- Hvad vil du gøre anderledes næste gang?
- Ros dig selv for det, der gik godt!

15. Øvelser

Opøv en professionel og vellidt networker!
Ikke mange tænker specielt over, hvordan de agerer - og
hvad de reelt får med sig fra netværksmøder. Har du ikke
en klar viden om, hvordan din rolle generelt fungerer, og
har du lyst til at arbejde lidt dybere med din adfærd og
dine kvalifikationer som networker, så er nedenstående tre
øvelser gode.

Første øvelse: Analyser dit nuværende udbytte!
Her skal du genkalde dig den sidste reception eller net-
værkssituation, du var til, og nedskrive fakta.

Da ingen andre behøver at se, hvad du skriver, er det
dumt at lyve for sig selv!

1. Hvilke forberedelser eller overvejelser gjorde du
   dig, inden du trådte ind til receptionen?
2. Hvordan kom du ind i rummet, og hvordan ople-
   vede du dig selv?
3. Kontaktede du folk, eller henvendte de sig til dig?
4. Fik du etableret kontakt til de mennesker, du
   gerne vil møde?
5. Skabte du kontakter og fremdrift for andre?
6. Hvordan kom du fra mødet?

Du kan arbejde med emnerne enkeltvis eller stykke et helt
forløb sammen. Du kan også vælge at snakke med en ven
eller kollega om dine reaktionsmønstre. Som jeg beskrev
tidligere i bogen, er der ofte forskel på, hvad vi selv ople-
ver i situationen, og hvordan andre scanner os.

Redskaber og inspiration til de forskellige punkter finder
du her i bogen.

Anden øvelse: Øv dig!
Til de fremtidige netværksmøder kan du bruge følgende spørgsmål til at klargøre din adfærd og dine mål:

1. Hvordan sætter du dig selv op til mødet?
2. Hvordan får du det bedste frem i dig selv?
3. Hvordan kommer du ind i rummet?
4. Hvordan skaffer du dig øjenkontakt?
5. Hvem er interessant for dig at komme i kontakt med?
6. Er der gæster, du kan hjælpe med din "knowhow" eller ved at introducere dem for andre?

Tredje øvelse: Kortlæg dine netværk!
Det er ofte et overraskende resultat, der kommer ud af at kortlægge sine netværk. Prøv at skitsere de netværk, du trækker på i dag. Når du først kommer i gang, vil du opleve, at du er involveret i mere, end du havde regnet med.

- Hvilke aktive netværk har du i dag?
- Hvad er din vision for det næste år?
- Hvem kan hjælpe dig derhen?
- Har du de rigtige netværk?

Vær opmærksom på områder, hvor du overeksponerer dig selv eller har huller i forhold til din målsætning. Tilpas dine netværk, så de peger mod og støtter de mål, du har for din virksomhed, din karriere eller din uddannelse. Det kan ganske vist være hårdt at sige farvel til sammenhænge, der har tjent en godt, men netværk kan sluge megen tid, og der er ikke meget fremdrift i nostalgi.

16. Efterskrift

Livet som professionel networker er ikke et fremtidsbegreb, men pure alvor i dagens Danmark.

Forretninger dyrkes og aftales i netværk, medarbejdere findes i de fleste tilfælde gennem netværk, og kapital tilføres virksomheder på baggrund af personlige kontakter - ofte funderet i forhåndskendskab gennem netværk og anbefalinger.

Der er netværk overalt, og de er centrum for megen både synlig og usynlig magt og indflydelse. Derfor er det vigtigt, at du som både erhvervsmenneske og privatperson evner og har lyst til at networke.

Desværre er det en pestilens for mange erhvervsfolk at skulle agere og videreudvikle kontaktflader i disse netværkssammenhænge, hvor rammerne er løse og ustrukturerede og derfor stiller store krav til deltagerne om at turde træde i karakter.

Min intention med denne bog er at indgyde mod og skabe forståelse for de betingelser, vi arbejder under, samt at fremlægge nogle værktøjer og strategier for, hvordan man på professionel vis kan påtage sig rollen og komme til at elske livet som networker.

PS: Networking er en livsstil, som handler om gensidigheden i at give og modtage
- og du kan aldrig komme for tidligt i gang!

Endnotes

1 Chefforsker Bob Littell har formuleret teknikken i bogen: Raising Your R&R Factor.

2 På dansk hedder bogen *Hjælp dit held på vej*. Den er desværre udsolgt fra forlaget, men kan lånes på flere biblioteker.

3 Elevatortalen: En tale på ca. 30 sekunder, hvor du samler essensen af din mission eller virksomhed. Talen skal kunne fremføres på den tid, det tager at køre en tur i elevator – deraf navnet.

4 Undersøgelsen stammer fra socialpsykologen Albert Mehrabion.